KLARTEXT

Bildnachweis:
Adobe Stock: S. 8/9: ©Nik Merkulov, S. 46: ©radyo, S. 47 r.: ©BRN-Pixel, S. 63: ©Jonathan Stutz, S. 67: ©sabelskaya, S. 71: ©Trueffelpix, S. 79: ©Valery Evlakhov, S. 83: ©RomanS24; Getty Images: S. 21 m.: Bettmann, S. 23: Archive Photos, S. 25: Keystone, S. 27: KMazur/Kontributor, S. 37: Dove, S. 43: John Downing, S. 44: Robert Altman, S. 50: 20th Century Fox, S. 63: David Montgomery, S. 69: Underwood Archives, S. 83: Michael Putland, S. 91: David Montgomery, S. 113: ASSOCIATED PRES-S|Manu Fernandez; IMAGO: S. 32: United Archives International, S. 34/35: Philippe Gras; picture alliance: S. 4/5: United Archives/TopFoto, S. 6/7: CITYPRESS/Tilman Jentzsch, S. 19: Torsten Sukrow/SULUPRESS.DE, S. 20 r.: empic/Ian West, S. 21: dpa|Tell, S. 28: United Archives/TopF-oto|91050, S. 29 o.: Captital Pictures/Icon and Image/MPI/Capital Pictu Icon and Image/MPI, S. 29 u.: dpa|Unknown, S. 39: Konrad Giehr, S. 41: Photoshot, S. 53: ullstein bild|Blick, S. 65 m.: pa, S. 70/71: AP, S. 73: Photoshot, S. 77: ASSOCIATED PRESS|David Caulkin, S. 78: pa, S. 86: dpa|Gregor Fischer, S. 87: AP Photo|John Shearer, S. 109: 91050/United_Archives/TopFoto; S. 107: A. Staniczek/SMNS; Wikipedia: S. 13l.: Von Roland Godefroy – Eigenes Werk, CC BY-SA 3.0, https://commons.wikimedia.org/w/index.php?curid=1853584, S. 13r.: Von Jean-Luc Ourlin - originally posted to Flickr as Muddy Waters, CC BY-SA 2.0, https://commons.wikimedia.org/w/index.php?curid=6706696, S. 15: By Roger Green – Own work, CC BY-SA 4.0, https://commons.wikimedia.org/w/index.php?curid=63943682, S. 20 l.: Von Vatican City (picture oficial of pope) - Vatican City, picture oficial of pope Paul VI (vatican.va), Gemeinfrei, https://commons.wikimedia.org/w/index.php?curid=14709864, S. 20 m.: Von Robert Knudsen, White House - The John F. Kennedy Presidential Library and Museum, Boston. [1], Gemeinfrei, https://commons.wikimedia.org/w/index.php?curid=2221406, S. 22: Von Olavi Kaskisuo/Lehtikuva - https://d3gg7gh6znnt6d.cloudfront.net/thumbnail/34544061.jpg, Gemeinfrei, https://commons.wikimedia.org/w/index.php?curid=58188301, S. 47: Von Dina Regine - https://www.flickr.com/photos/divadivadi-na/3374002853/in/set-72157600312484431?edited=1, CC BY-SA 2.0, https://commons.wikimedia.org/w/index.php?curid=7928468, S. 105: Von Raph_PH - Stones-London220518-113, CC BY 2.0, https://commons.wikimedia.org/w/index.php?curid=69592902.

Bibliografische Information der Deutschen Nationalbibliothek
Die Deutsche Nationalbibliothek verzeichnet diese Publikation in der Deutschen Nationalbibliografie; detaillierte bibliografische Daten sind im Internet über portal.dnb.de abrufbar.

Impressum
1. Auflage Oktober 2022
Layout und Satz: Joachim Bartels
Umschlaggestaltung: Guido Klütsch, Köln
Umschlagabbildungen: Adobe Stock/© ArTo (Leonardo), pa/Bert Reisfeld (Pu Bär), pa/ANP/Remko de Waal (Flugzeug), pa/ZUMAPRESS.com/Nancy Kaszerman (Gitarre), pa/Capital Pictures/GP/MPI (Band)
Autorenfoto Umschlagklappe: Martin Huch
Druck und Bindung: Linsen Druckcenter GmbH, Siemensstraße 12–14, 47533 Kleve

ISBN 978-3-8375-2498-7

KLARTEXT

Jakob Funke Medien Beteiligungs GmbH & Co. KG
Jakob-Funke-Platz 1, 45127 Essen
info.klartext@funkemedien.de
www.klartext-verlag.de

Ernst Hofacker

Rolling Stones

Populäre Irrtümer und andere Wahrheiten

Inhalt

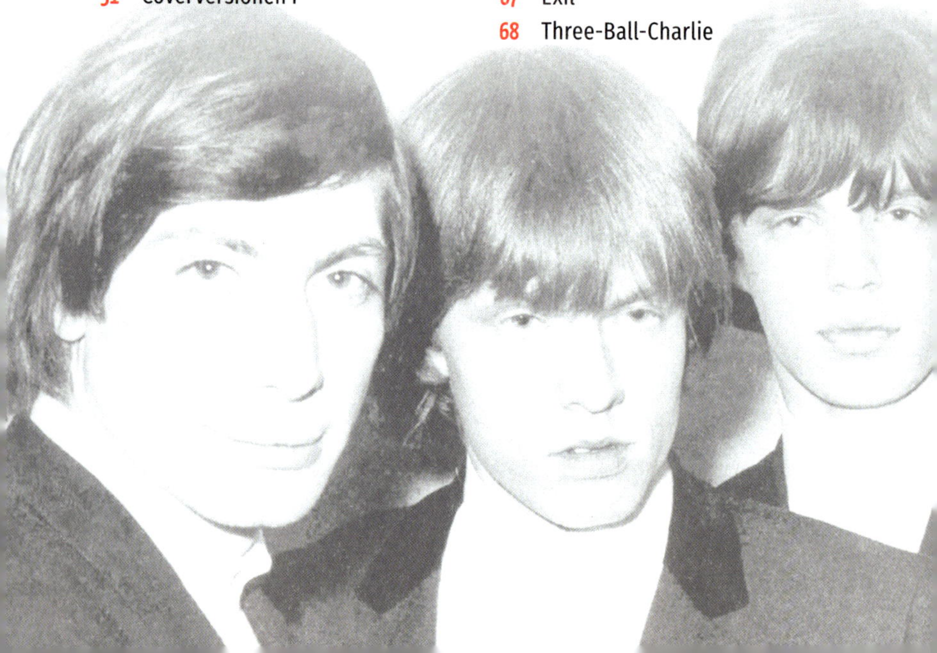

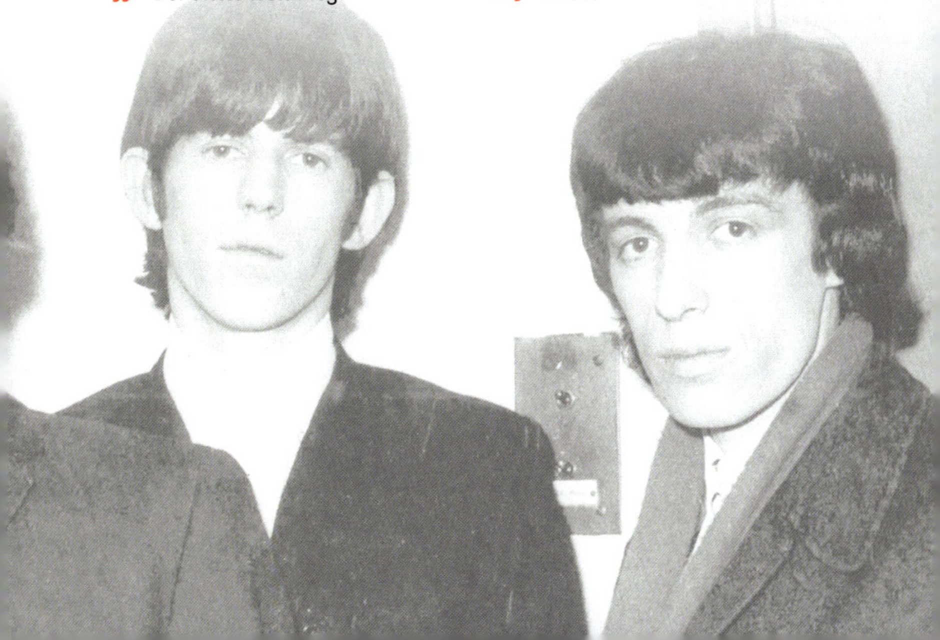

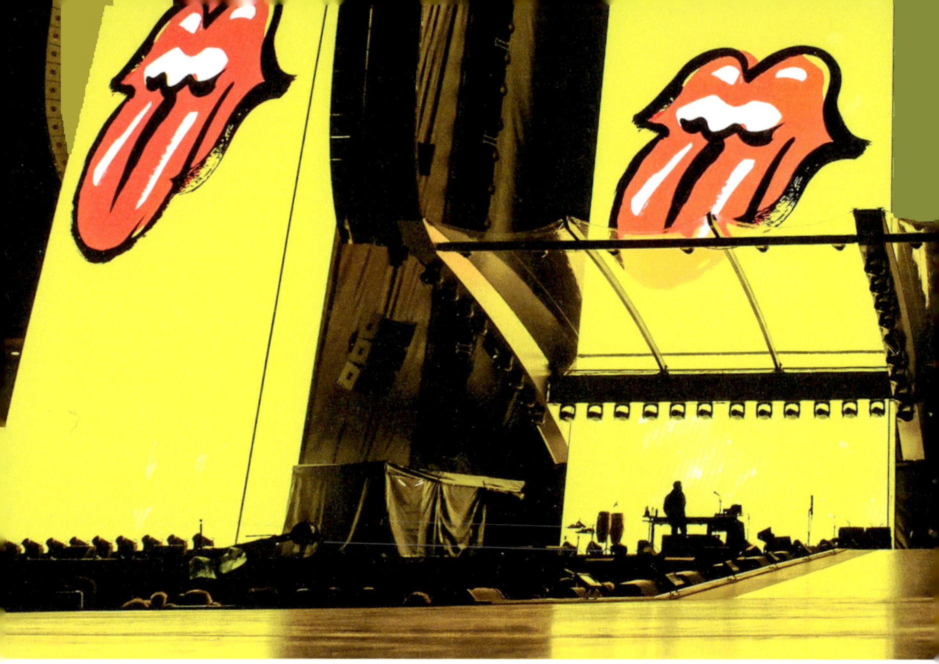

Zum Geleit

Beatles, Stones, Dylan – 1970 hatte ich davon nicht die geringste Ahnung. Und von Sex & Drugs & Rock'n'Roll schon gleich gar nicht. Ich war ein 13-jähriger Frischling und in erster Linie daran interessiert, als Mittelfeldstratege in der C-Jugend von Arminia Appelhülsen meinem Idol Günter Netzer nachzueifern.

Zu der Zeit begegnete ich den Rolling Stones zum ersten Mal. Nicht auf dem Fußballplatz und auch nicht in der Tanzschule, zu der ich meine Zwillingsschwester gelegentlich begleitete, sondern im Gymnasium. Genauer gesagt, in der Bank vor meiner, wo Dalli und Bene saßen. Wie die meisten von uns hatte Bene keinen gewöhnlichen Schulranzen, sondern eine dieser olivgrünen Bundeswehr-Provianttaschen aus grobem Drillich. Seine aber war eine besondere: Mit bunten Filzstiften hatte er darauf eine

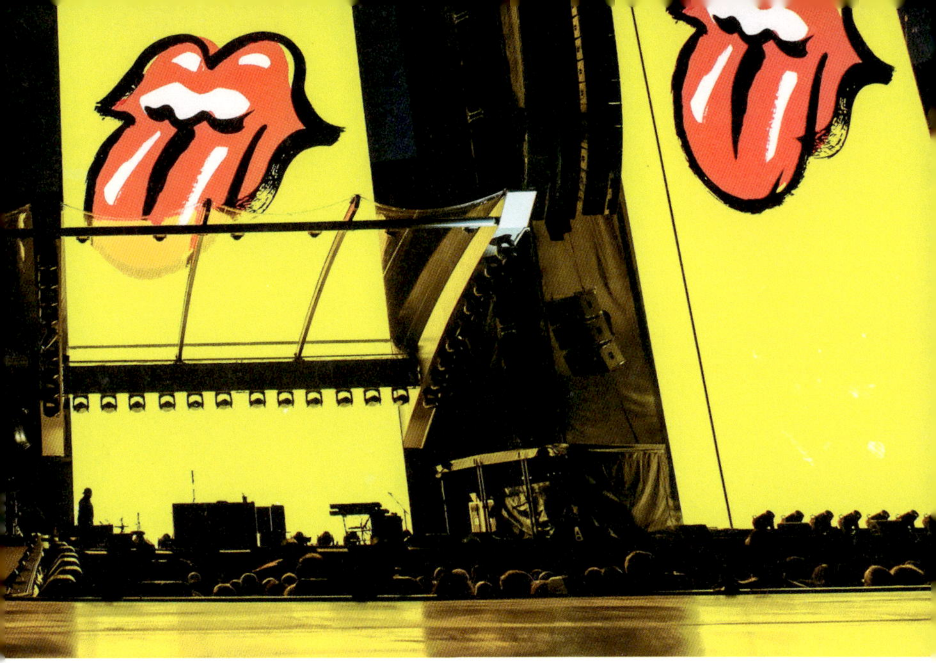

Mauerwand mit einem Graffiti gemalt: „The Rolling Stones". Die Zunge gab's damals noch nicht, aber auch sie hätte nicht cooler sein können als diese zwei Reihen fetter knallroter Blockbuchstaben. Sie kündeten von einer anderen Welt, in der möglich war, wovon ich damals nicht mal träumte. Die Stones waren weniger eine musikalische Marke als das Synonym für einen neuen, rebellischen, freien Lifestyle. Bene, Dalli und ich hatten das intuitiv begriffen – auch wenn wir damals von diesen Dingen überhaupt keinen Plan hatten.

Heute, mehr als ein halbes Jahrhundert später, sind die Rolling Stones die sagenumwobenen Lordsiegelbewahrer des Rock'n'Roll und unkaputtbares Welterbe der Popkultur. Zeit also, Legende, Wahrheit, Gerüchte und Fakten zu entwirren – viel Spaß dabei!

Acht Steine

„Diese Band verlässt man nur im Sarg!“ Keith Richards sagte das. Folglich stand das Personalkarussell bei den Rolling Stones die meiste Zeit still. Insgesamt kam die Band in sechs Jahrzehnten mit acht Steinen aus – und zwei ehemalige Stones leben sogar noch.

Mick Jagger

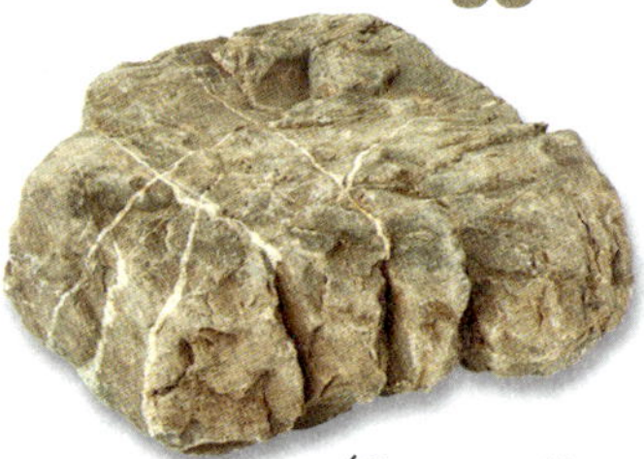

(Gesang, Harp, Gitarre, Keyboards, Percussion)
geboren am 26. Juli 1943
in Dartford (Kent),
Rolling Stone seit 1962

Keith Richards

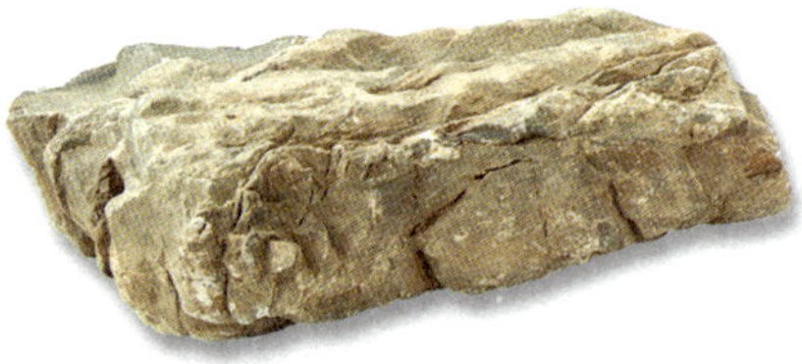

(Gitarre, Gesang, Bass, Keyboards)
geboren am 18. Dezember 1943
in Dartford (Kent),
Rolling Stone seit 1962

Charlie Watts

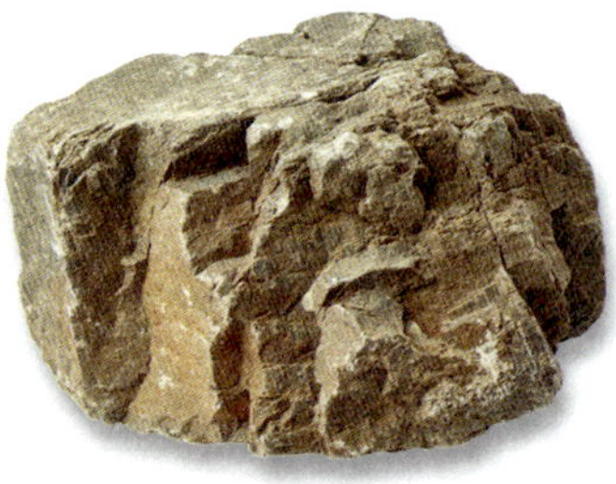

(Drums, Percussion)
geboren am 2. Juni 1941 in
Kingsbury (London),
gestorben am 24. August 2021
in London,
Rolling Stone seit 1963

Ron Wood

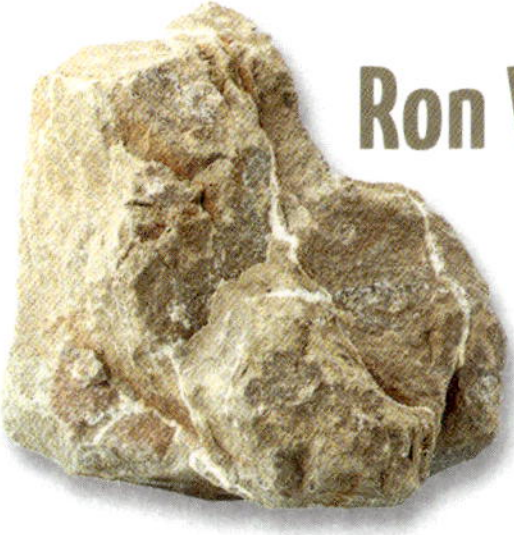

(Gitarre, Bass, Gesang)
geboren am 1. Juni 1947
in Hillingdon (Middlesex),
Rolling Stone seit 1975

Ian Stewart

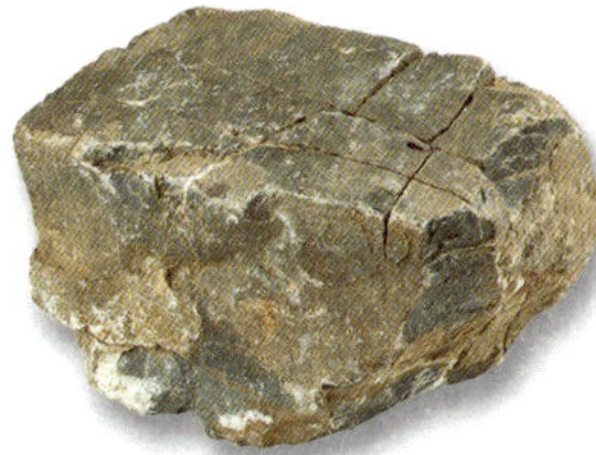

(Piano)
geboren am 18. Juli 1938
in Pittenweem (Fife, Schottland),
gestorben am 12. Dezember 1985
in London,
Rolling Stone von 1962 bis 1963

Mick Taylor

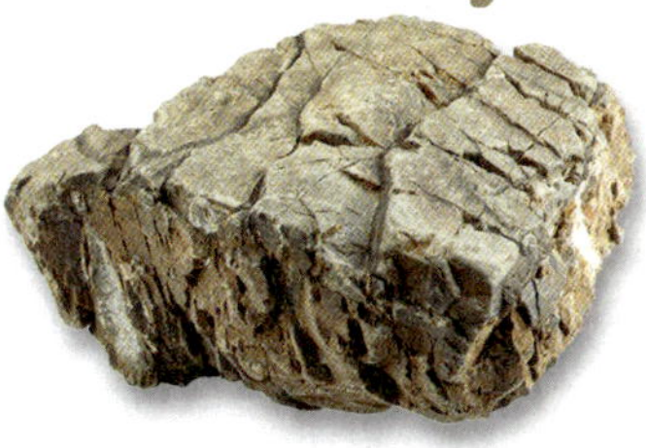

(Gitarre)
geboren am 17. Januar 1949
in Welwyn Garden City (Hertfordshire),
Rolling Stone von 1969 bis 1974

Bill Wyman

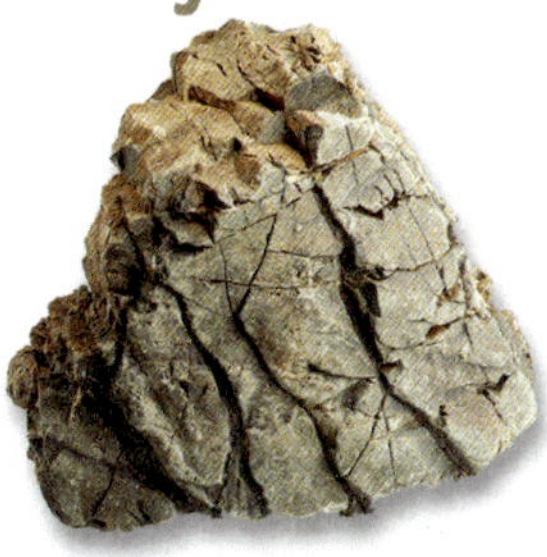

(Bass, Keyboards, Gesang)
geboren am 24. Oktober 1936
als William George Perks Jr.
in Lewisham (London),
Rolling Stone von
1962 bis 1993

Brian Jones

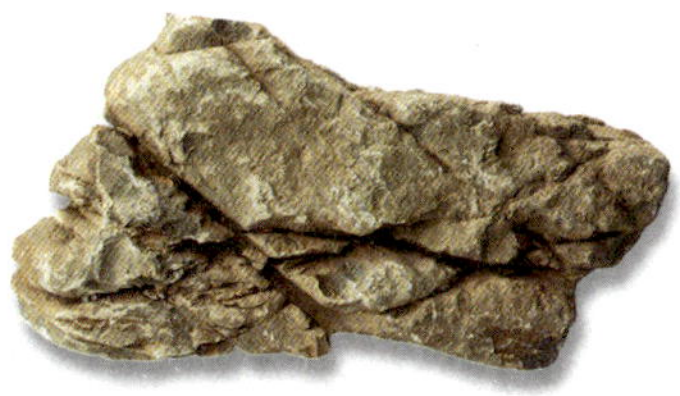

(Gitarre, Gesang, Harp, Keyboards, Marimba, Sitar, Saxophon)
geboren am 28. Februar 1942
in Cheltenham (Gloucestershire),
gestorben am 3. Juli 1969
in Hartfield, Sussex,
Rolling Stone von 1962 bis 1969

Zahlen & Fakten

60 Jahre lang gibt es die Rolling Stones inzwischen – gerechnet seit ihrem ersten Konzert, das am 12. Juli 1962 im Londoner Marquee Club stattfand.

688.344.919 US-Dollar betrugen die (inflationsbereinigten) Einnahmen der „A Bigger Bang"-Welttournee 2005–2007. Auf ihrer bislang erfolgreichsten Tournee gaben die Stones 147 Konzerte vor 4.680.000 Menschen. Diese Bilanz wurde bis heute nur von Ed Sheeran, U2 und Guns N' Roses getoppt.

48 Tourneen hat die Band in ihrer langen Geschichte unternommen, darunter ein Dutzend aufwendiger Welttourneen.

200 Millionen Tonträger haben die Stones seriösen Schätzungen zufolge im Lauf ihrer Karriere verkauft. Sie gehören damit zu den 20 erfolgreichsten Acts in der Geschichte der Unterhaltungsmusik.

23 Studioalben hat die Band bis heute in ihrer englischen Heimat veröffentlicht (in den 1960er-Jahren wich die Veröffentlichungspolitik in anderen Ländern, z. B. den USA, zum Teil erheblich von der in England ab, weshalb die Albumzahlen dort differieren).

8 Stones-Singles schafften es in Großbritannien auf Platz eins (in den USA ebenfalls 8), 23 Songs erreichten die UK-Top Ten (21 in den USA).

422 verschiedene Songs haben die Rolling Stones in ihrer Karriere aufgenommen, darunter mehr als 200 selbstgeschriebene.

ca. 2000 Konzerte hat die Band insgesamt gegeben. Da es bis in die 1970er-Jahre üblich war, in einer Tourneestadt auch zwei Konzerte an einem Tag zu geben, lässt sich die exakte Zahl der Shows nicht mit letzter Sicherheit festlegen.

1,3 Millionen Menschen besuchten das Konzert am 18. Februar 2006 an Rios Copacabana – die größte Zuschauermenge, vor der die Stones je aufgetreten sind.

ca. 3000 Gitarren soll Keith Richards besitzen. Diese Sammlung wird zusammen mit weiterem Bandequipment in einer Lagerhalle an der US-Ostküste aufbewahrt.

Mannish Boys

Sie prägten eine ganze Musikergeneration: Rock'n'Roll-Pionier Chuck Berry und die großen Meister des schwarzen Blues, Männer wie Muddy Waters, Jimmy Reed und Howlin' Wolf. In den frühen 1960er-Jahren wurden sie zu Ziehvätern der Rolling Stones und zum wichtigsten Einfluss für die junge Rockmusik.

Heute kaum mehr vorstellbar: In den 1950er-Jahren war Popmusik in England eine ebenso triste Veranstaltung wie das Einkaufen mithilfe von Lebensmittelmarken. So wurden zum Beispiel Süßigkeiten bis 1953 rationiert, die UK-Kids mussten sich so lange mit Karotten-Lollis begnügen.

Die Musik jener Zeit war da keinen Deut aufregender – eine fade Kombination aus Schlagerkitsch, schläfrigen Swing-Balladen, zickigem New-Orleans-Jazz und mehr oder weniger amüsanten Comedy-Platten. Als dann 1956 Elvis Presley mit „Heartbreak Hotel" und „Don't Be Cruel" in diese Entertainment-Wüstenei einfiel, waren die englischen Teenager prompt aus dem Häuschen. Und schnell entdeckten sie weitere Rock 'n' Roll-Helden wie Jerry Lewis, Little Richard, Buddy Holly und Gene Vincent.

Englische Musiker begannen nun, sich ihren eigenen Reim auf die schrägen Töne aus Übersee zu machen. Ehemalige Jazzer wie Lonnie Donegan und Chris Barber entwickelten mit dem Skiffle eine kinderleichte Mischung aus Rock und Folk, die Tausende von englischen Jugendlichen dazu animierte, es selbst zu versuchen und eine Band zu gründen.

Neben dem akustischen Folkblues entdeckten Schüler und Studenten nun aber auch den elektrischen Blues, vor allem die Spielart, die auf Chicagos Southside von Männern wie Muddy Waters, Willie Dixon, Jimmy Reed und Howlin' Wolf gepflegt wurde. Immer mehr Bluesaufnahmen, darunter Waters' „Mannish Boy" und Dixons „Hoochie Coochie Man", fanden den Weg nach Europa. Und ab 1958 gastierten deren Schöpfer regelmäßig in der Alten Welt.

Die halbwüchsigen Mick Jagger, Keith Richards, Brian Jones und auch Jimmy Page (Led Zeppelin), Eric Clapton und Steve Winwood erlebten ihre Helden 1962 im Rahmen der ersten „American Folk Blues Festival"-Tournee live auf englischen Bühnen. Der elektrische Blues und Chuck Berrys Rock 'n' Roll („Johnny B. Goode", „Sweet Little Sixteen") wurden auf diese Weise zur wichtigsten Inspiration für die englische Rock-Revolution der 1960er-Jahre. Die Tristesse der 1950er-Jahre fand ein Ende.

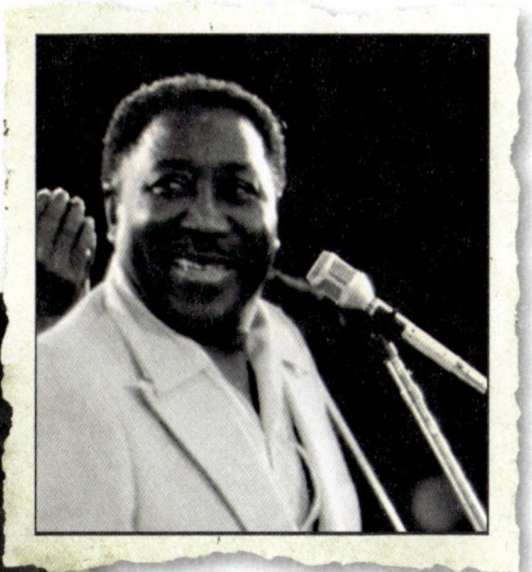

Chicago-Bluesmann Muddy Waters

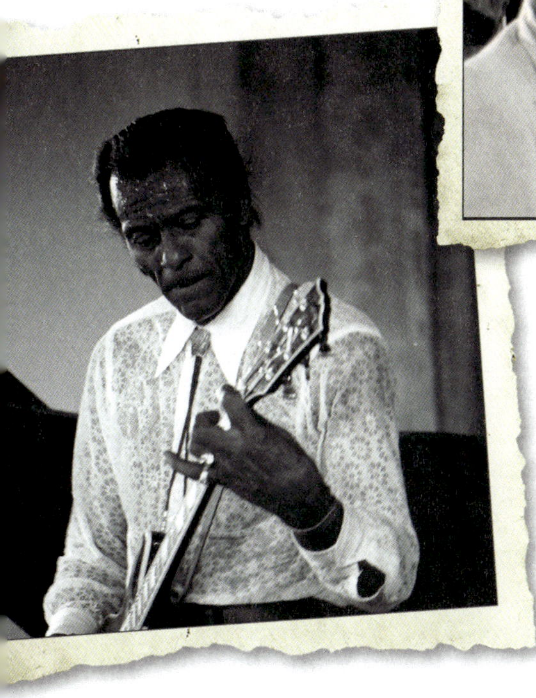

Rock'n'Roll-Pionier Chuck Berry

Der Dartford-Obolus

Da soll man nicht den Blues kriegen: In Dartford, einem Pendlerstädtchen vor den Toren Londons, ist das Leben so grau wie die Perspektiven mau. Erst recht nach dem Krieg, als Mick Jagger und Keith Richards hier aufwachsen und früh schon lernen, was es mit dem „Dartford-Obolus“ auf sich hat …

Wie Keith Richards in seiner Autobiografie „Life“ berichtet, verlief die alte Straße von Dover nach London direkt durch seine südöstlich der Themsemetropole gelegene Heimatstadt. Die leicht hügelige Landschaft dort war ideal für Hinterhalte geeignet. Postkutschen mussten also in der Gegend von Dartford jederzeit mit Überfällen rechnen. Nur wer bei einer solchen Gelegenheit seinen „Dartford-Obulus“ entrichtete, konnte sicher sein, dass die restliche Reise bis nach London ohne weitere Zwischenfälle verlaufen würde.

Inzwischen sind die Postkutschen natürlich Geschichte und Autos haben den Transport von Mensch und Gütern übernommen. Der gute alte „Dartford-Obolus“ aber hat überlebt – in einer modernen Form: „The Dartford Crossing“ ist eine gigantische Tunnelanlage, die im Laufe des 20. Jahrhunderts gebaut wurde. Sie verbindet die Grafschaft Kent im Norden mit Essex. Zusammen mit der erst 1992 eröffneten Queen-Elizabeth-II.-Bridge ist „Dartford Crossing“ längst zur verkehrsreichsten Flussquerung des gesamten Königreichs geworden. Und zur wohl einträglichsten: Wer hier über die Themse will, muss üppige Mautgebühren zahlen.

Das Kassieren liegt den Dartfordern also seit jeher im Blut. Richards wunderte sich folglich nicht, dass ihn auf seinem Schulweg regelmäßig größere Jungs überfielen, verprügelten und ausraubten. Und wir wundern uns nicht, dass bis heute kaum eine Band höhere Eintrittspreise für ihre Konzerte verlangt als die der beiden Jungs aus Dartford.

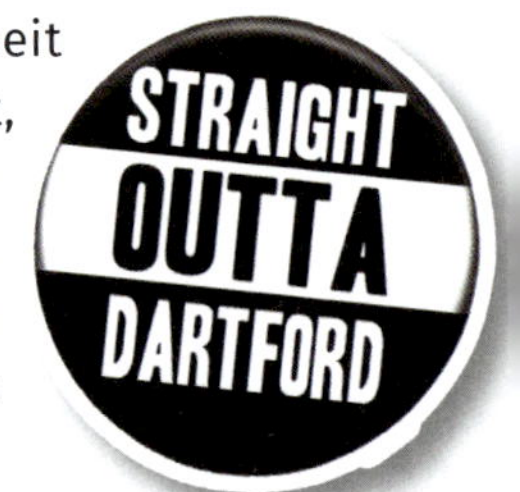

Auf dem Bahnsteig

Die Anekdote ist legendär und soll sich tatsächlich so ereignet haben: Im Oktober 1961 treffen die blutjungen Mick Jagger und Keith Richards zufällig am Bahnhof ihrer Heimatstadt Dartford aufeinander und entdecken dabei ihre gemeinsame Liebe zum Blues. Allerdings: Die erste Begegnung von Mick'n'Keef ist das nicht.

Fakten sind kaum überliefert. Weder ist das genaue Datum verbrieft noch das Wetter oder gar die Abfahrtzeit des Vorortzuges, auf den der damals 18-jährige Michael Jagger und der fünf Monate jüngere Keith Richards an jenem Oktobermorgen des Jahres 1961 warteten. Fest steht, dass Letzterer unter dem Arm des jungen Jagger, der sich auf dem Weg zur London School of Economics befand, Ungeheuerliches entdeckte, nämlich Chuck Berrys Album „Rockin' at the Hops" und „The Best of Muddy Waters". Richards: „Er besaß den Piratenschatz von Henry Morgan. Er hatte das echte Zeug. Und ich keine Ahnung, wie ich drankomme." Denn originale Rhythm'n'Blues-Platten gab es zu jener Zeit in England praktisch nicht zu kaufen. Vier Songs von „Rockin' at the Hops" sollten übrigens später im Stones-Repertoire landen: „Bye Bye Johnny", „Down The Road A Piece", „Confessin' The Blues" und „Let It Rock". Mick und Keith kannten sich da schon seit elf Jahren, denn eine Zeit lang waren sie 1951 in dieselbe Klasse der Wentworth Primary School gegangen.

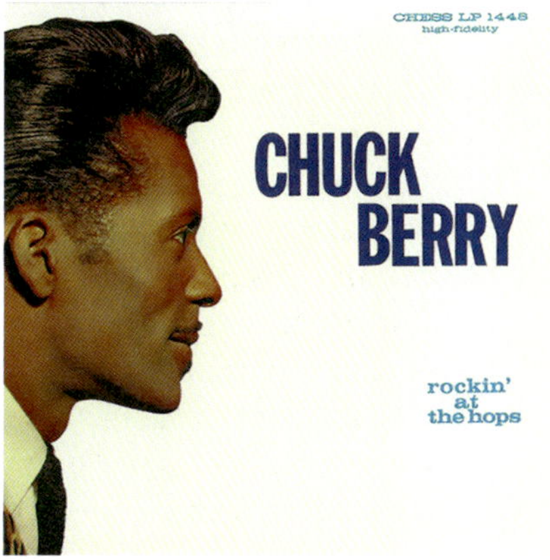

15 Stufen zum Ruhm

In einem unscheinbaren Kellerloch im westlichen Stadtteil Ealing eröffnete am 17. März 1962 Londons erster Bluesclub. Auch wenn die örtliche Musikpresse das Ereignis nur mit einer winzigen Notiz würdigte: Innerhalb weniger Wochen sollte sich hier die Zukunft der britischen Rockmusik entscheiden.

Der Artikel aus den Londoner „Jazz News" vom 21. März 1962 schloss mit dem hoffnungsvollen Satz: „Vielleicht bekommt R&B jetzt die Anerkennung, die er verdient." Mehr noch geschah: In jenem Frühling begann in der britischen Popmusik eine neue Zeitrechnung. Der kleine Club im westlichen Londoner Stadtteil Ealing, wo Alexis Korner und der Harpvirtuose Cyril Davies fortan „aufregende, bluesige und tanzbare" Musik präsentierten, wurde zum Geburtsort des Brit Blues. Die bloße Nachricht von seiner Existenz hatte ein schlafendes Heer von Fans elektrisiert, die ihre Musik nur auf mühsam ergatterten Importplatten hören konnten. Die Tage des bis dahin regierenden Traditional Jazz waren gezählt.

Auch Mick Jagger und Keith Richards hatten Wind von der Sache bekommen. Am Abend des 7. April stiegen die beiden Bluesjünger die 15 vom Regen glitschigen Steinstufen hinab, die zwischen einem Tea Shop und einem Juwelier vom Ealing Broadway in eine schmale Gasse führten. Wer dort durch die Tür unter der schmutzigen Markise ging, hörte längst schon den scheppernden Lärm: Alexis Korners Gruppe Blues Incorporated spielt den echten Blues – für die Jungs aus dem Dartford Delta eine Sensation. Und als Korner zwischendurch einen jungen Burschen mit blondem Haar auf die Bühne holt, der sich als Elmo Lewis ausgibt und mit seiner Gitarre ein Stück seines US-Idols Elmore James zum Besten gibt, klappen Jagger und Richards die Kinnladen herunter. Bis zu diesem Moment haben sie es für schlechterdings unmöglich gehalten, dass solche Töne auf dieser Seite des Atlantik auf einer Bühne live zu hören sein könnten.

Nachdem Elmo Lewis aka Brian Jones seinen Auftritt beendet hat, nehmen Jagger und Richards allen Mut zusammen und sprechen den Blondschopf an. Man versteht sich auf Anhieb, findet jede Menge Gemeinsamkeiten und entscheidet, in Kontakt zu bleiben. Der Rest ist Geschichte: Wenig später schon standen auch Jagger und Richards gelegentlich mit Korner auf der winzigen Bühne. Im Mai dann antwortete der Pianist Ian Stewart auf eine Zeitungsanzeige von Jones, und im Juni probten Jones, Stewart, Jagger, Richards und deren Kumpel Dick Taylor gemeinsam mit Geoff Bradford (git) und Tony Chapman (dr) im Hinterzimmer eines Pubs.

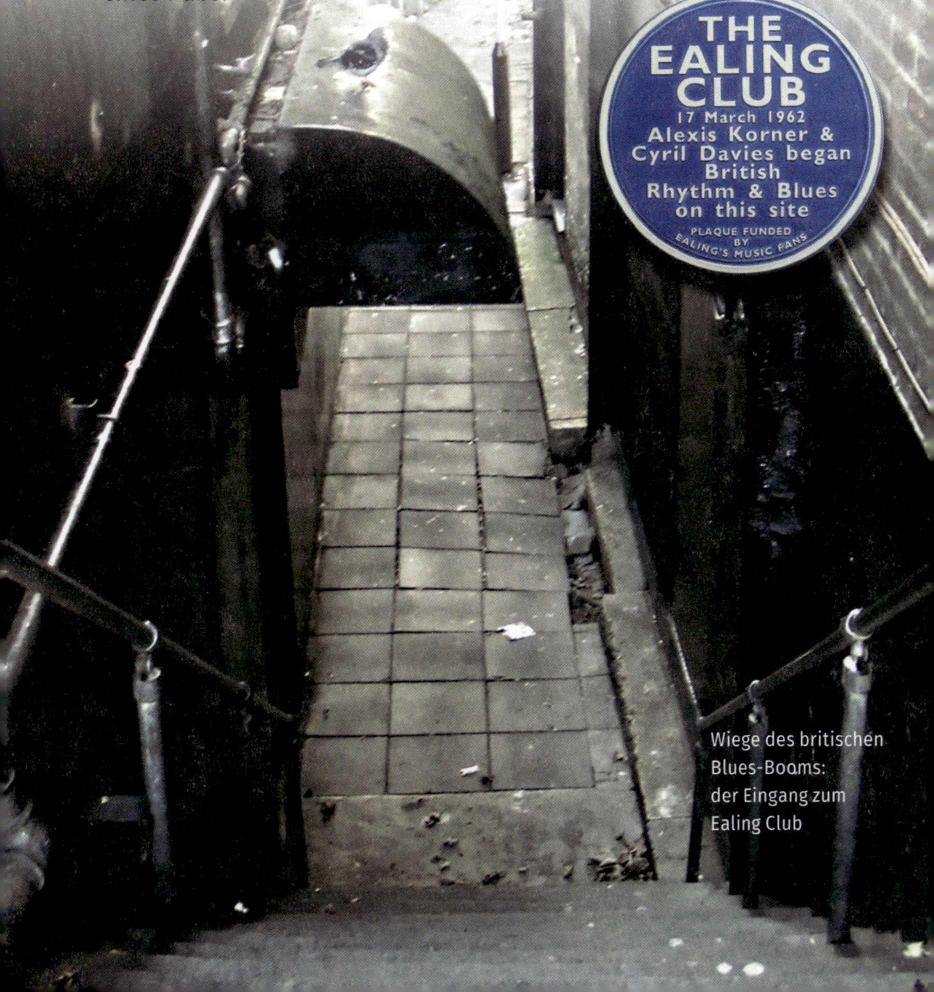

Wiege des britischen Blues-Booms: der Eingang zum Ealing Club

Das Rätsel um den Drummer

Die Premiere fiel auf einen Donnerstag: Am 12. Juli 1962 traten die Rolling Stones zum ersten Mal öffentlich auf. Zwar waren sie noch nicht ganz komplett, aber ein Anfang war gemacht. Bis heute allerdings sind sich die Beteiligten nicht einig, wer an jenem denkwürdigen Tag am Schlagzeug saß.

Charlie Watts jedenfalls war es nicht. In diesen frühen Tagen der Bandgeschichte herrschte noch ein häufiges Kommen und Gehen. Stabil dabei waren lediglich Bandgründer Brian Jones, die späteren Glimmer Twins Mick Jagger und Keith Richards sowie der Mann am Klavier, Ian Stewart. Auch Dick Taylor, ebenfalls aus Dartford und Schulfreund von Mick, würde im August gehen. Die Live-Premiere allerdings machte er noch mit: Am 12. Juli dürfen Jones & Co. Alexis Korner im Marquee Club vertreten, da Blues Incorporated, die dort normalerweise den Donnerstag bestreiten, an diesem Tag einen Radioauftritt bei der BBC haben. Die Rollin' Stones, wie sie sich da noch schreiben, bringen ihren Stapellauf ohne Zwischenfälle über die Bühne. Ihr Repertoire besteht bei dieser Gelegenheit aus Coverversionen von Klassikern des Chicago-Blues („Ride 'Em On Down", „Baby What's Wrong", „Blues Before Sunrise" u.a.) sowie ein paar Chuck-Berry-Nummern.

Wer allerdings hinterm Schlagzeug saß, ist bis heute nicht geklärt: Zwar probte zu dieser Zeit Tony Chapman mit der Band, Keith Richards und einige andere aber behaupten, dass an jenem Abend der spätere Kinks-Drummer Mick Avory getrommelt habe. Der allerdings streitet das bis heute ab.

Fest steht dagegen: Die embryonale R&B-Szene in London explodierte nun regelrecht, allein die Rolling Stones sollten bis zum Ende des Jahres schon mehr als 40 Konzerte gegeben haben.

Tony Chapman spielte später mit dem jungen Peter Frampton bei The Herd („From The Underworld"), wo auch Andy Bown, später Status Quo, seine Karriere begann.

Mr. Perks hat den Größten!

Im Herbst 1962 nahm die Besetzung der Rolling Stones allmählich Gestalt an: Brian Jones, Mick Jagger, Keith Richards und Ian Stewart heuerten nun auch einen festen Bassisten an.

Mit dem Blues hatte er nichts am Hut. Und besonders leiden konnten ihn seine Mitmusiker zunächst auch nicht. Dass William Perks (Bühnenname: Bill Wyman) kurz vor Weihnachten 1962 trotzdem ein Rolling Stone wurde, hatte einen ganz profanen Grund: Er hatte den Größten – einen so mächtigen Verstärker wie den Vox AC30, den Perks zum Vorspielen mitbrachte, hatten die Stones noch nicht gesehen. Den wollten sie haben. Und den dazugehörigen Bassisten würden sie notgedrungen ebenfalls nehmen, auch wenn er ihnen als spießig und zu alt erschien. Wyman war Arbeiterklasse, die Stones waren Mittelklasse-Boheme; Wyman war ein Rocker, die Stones eine Bluesband.

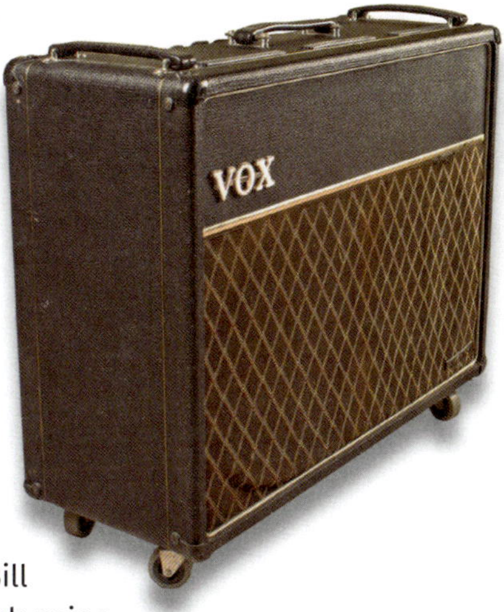

Einigen konnte man sich zunächst nur bei Chuck Berry. Aber der Neue lernte schnell: Bald kannte er all die Namen, die er bis dahin nicht gehört hatte – Muddy Waters, Jimmy Reed und Howlin' Wolf waren nun auch seine Helden.

Am 14. Dezember 1962 erlebte Bill Wyman im Londoner Ricky Tick Club seine Konzert-Feuertaufe mit den Stones. Mit seinem stoischen Pokerface und seiner eher unhippen Garderobe wirkte er über all die Jahrzehnte immer wie eine Verlegenheitslösung – vielleicht einer der Gründe, warum sein großartiges Bassspiel auf den Stones-Platten bis heute unterschätzt wird.

AHA!

Summer of '63

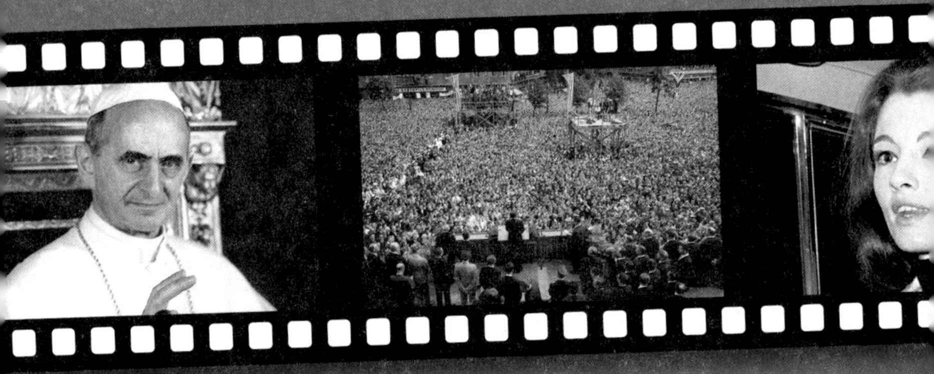

Verdammt lang her: Ein Blick auf die Welt des Sommers 1963 zeigt, wie unglaublich lange die Rolling Stones bereits im Geschäft sind – ihre erste Platte erschien, als John F. Kennedy Berlin besuchte, ein Model die britische Regierung stürzte und der Große Postraub die Schlagzeilen beherrschte …

7. Juni: Mit dem Chuck-Berry-Cover „Come On" erscheint in England die erste Single der Rolling Stones.

16. Juni: Die Russin Valentina Tereskova startet mit Vostok 6 als erste Frau in der Geschichte ins All. In drei Tagen wird sie die Erde 48 Mal umrunden.

21. Juni: Nach dem Tod von Johannes XXIII. wird der Italiener Giovanni Battista Montini zum neuen Papst Paul VI. gewählt.

26. Juni: Während seines Besuchs in der Bundesrepublik Deutschland hält US-Präsident John F. Kennedy seine legendäre „Ich bin ein Berliner"-Rede.

11. Juli: Bei einer Polizeirazzia auf der Liliesleaf Farm in Johannesburg, Südafrika, werden führende Mitglieder des „African National Congress" verhaftet.

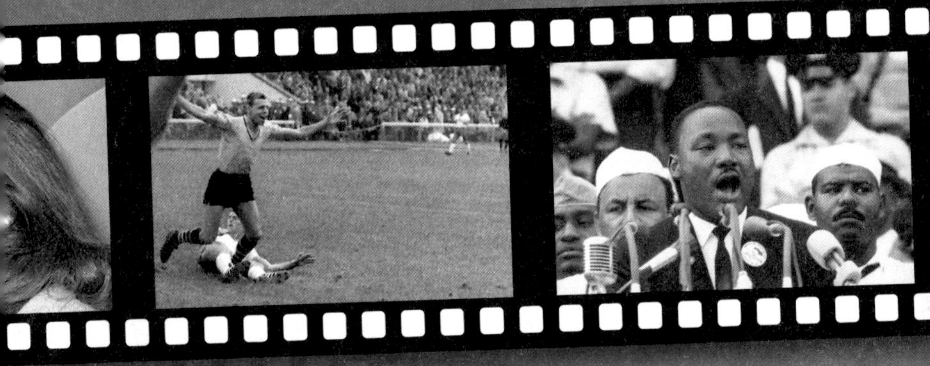

12. Juli: Im englischen Manchester fällt die 16-jährige Pauline Reade den ungewöhnlich grausamen „Moormördern“ Ian Brady und Myra Hindley zum Opfer. Erst nach vier weiteren Morden wird das Paar festgenommen und überführt.

26. Juli: Bei einem Erdbeben in der Gegend von Skopje (Jugoslawien) kommen 1800 Menschen zu Tode.

8. August: Bei Nacht und Nebel geht in Buckinghamshire, England, „The great Train Robbery“ über die Bühne. Aus einem Postzug erbeuten die Täter rund 2,6 Mio. Pfund (heute etwa 60 Mio. Euro).

24. August: Die Fußball-Bundesliga startet in ihre erste Saison. Erster Torschütze: Timo Konietzka von Borussia Dortmund.

28. August: In Washington DC verkündet Martin Luther King vor 250.000 Menschen: „I have a Dream.“

5. September: Wegen Spionageverdachts wird das englische Model Christine Keeler verhaftet. Sie unterhielt Affären mit dem britischen Kriegsminister und einem russischen Militärattaché. Die „Profumo-Affäre“ wird den konservativen Premier Harold Macmillan zu Fall bringen.

Der Zauderer

Einer fehlte noch: Bis in den Winter 1963 mussten sich die jungen Stones gedulden, erst dann sagte ihr Wunschkandidat für den Posten des Schlagzeugers zu.

Immer wieder hatten sie ihn gefragt, immer wieder hatte er abgewunken. Nein, eine Zukunft in dieser Band von abgerissenen R&B-Fanatikern, die kaum Gigs hatten, in einem verwanzten Loch in Chelseas Edith Grove hausten und obendrein deutlich jünger waren als er selbst, konnte sich Charles Robert Watts 1962 nicht vorstellen. Immerhin hatte der erklärte Jazzfan und Grafikdesigner einen festen Job bei einer Werbeagentur, dazu trommelte er regelmäßig bei Alexis Korners Blues Incorporated.

Was ihn in seiner Haltung jedoch mehr und mehr wanken lässt, sind zwei Faktoren: zum einen der zusehends wachsende Erfolg der jungen Rolling Stones, die sich allmählich zum Stadtgespräch mausern; zum anderen ist da seine Bescheidenheit: Charlie glaubt, dass er als Trommler nicht gut genug ist für die hervorragenden Einzelkönner in Korners Ensemble, weshalb er die Band im Dezember 1962 verlässt. Auch wenn er es selbst noch nicht ahnt: Die Weichen sind nun gestellt. Bald gibt Watts dem Werben der Stones endlich nach, und am 12. Januar im Ealing Club sitzt er zum ersten Mal auf deren Schlagzeughocker. Es wurde ein Job fürs Leben.

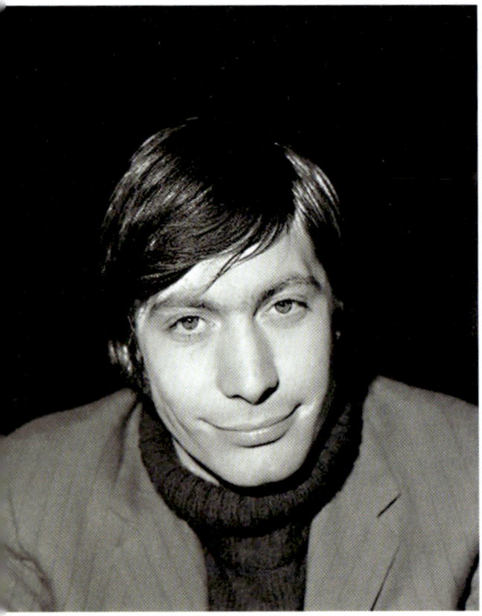

Wunschkandidat: Charlie Watts

AHA!

Aussortiert

Sie wollten nach oben. Und dafür warfen sie schleunigst allen unnötigen Ballast ab – auch ihren Pianisten Ian Stewart. Der musste die Gruppe im Frühling 1963 verlassen.

Andrew Oldham nahm kein Blatt vor den Mund: Ian Stewart passe nicht zum Image der Band. Eine Gruppe mit sechs Musikern sei zu groß, so viele Gesichter könne sich kein Fan merken. Und außerdem sehe Stewart mit seinem mächtigen Kinn und seiner braven Frisur zu spießig für das Stones-Image aus. Kurzerhand wurde der Pianist „aussortiert“.

Jeder andere wohl hätte den Jungstars nach einem solchen Rauswurf den Rücken gekehrt. Nicht so Stewart: Er akzeptierte sein Ende als Rolling Stone und verrichtete fortan klaglos seinen Dienst in der zweiten Reihe, wo er als Roadie und Tourmanager arbeitete und gelegentlich als Pianist einsprang. Tatsächlich konnte er mit seiner neuen Aufgabe gut leben. Er gehörte weiterhin zur Familie, auf Star-Status legte er keinen Wert. Die Popszene, die Oldham mit den Stones erobern wollte, interessierte ihn noch viel weniger.

Bis zu seinem viel zu frühen Herztod im Jahr 1985 saß Ian Stewart auch bei den großen Konzerttourneen der Band am Klavier. Im Februar 1986 gaben die Stones im berühmten Londoner „100 Club“ ein Gedenkkonzert für ihr Gründungsmitglied und widmeten ihm das im selben Jahr erschienene Album „Dirty Work“.

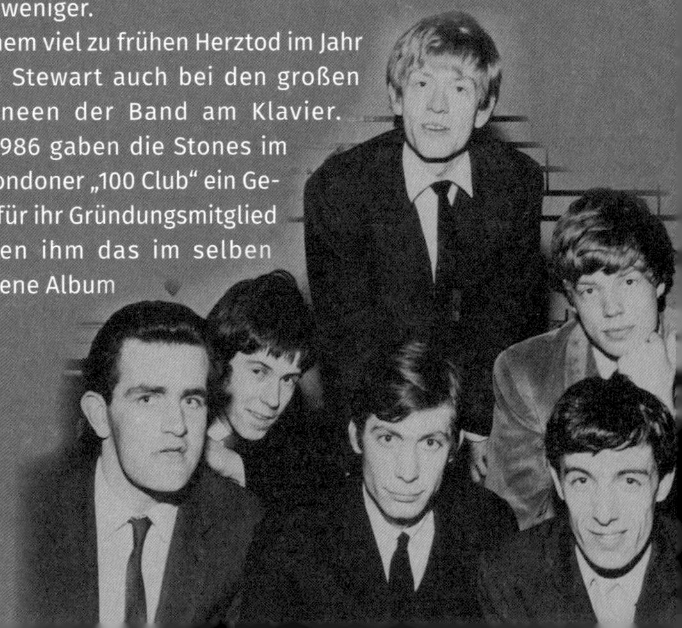

Abserviert: Ian Stewart (l.)

AHA!

Der Mann, der die Beatles ablehnte

Als der britische Plattenmanager Dick Rowe 1962 die Beatles ablehnte, ging dies als einer der berühmtesten Irrtümer in die Popgeschichte ein. Ein Jahr später bekam der Mann seine zweite Chance – verschafft wurde sie ihm ausgerechnet von George Harrison.

„Gitarrenbands haben keine Zukunft!" Dick Rowe, 36-jähriger A&R-Manager der englischen Plattenfirma Decca, hätte in diesem Winter 1962 nicht falscher liegen können. Aber er glaubte, dass Gitarrenbands wie die Shadows („Apache") und die Ventures („Walk Don't Run") mit ihren Instrumentals den Zenit überschritten hatten – womit er recht hatte. Rowe konnte nicht ahnen, dass bald eine neue Sorte von Gitarrenbands das Kommando übernehmen würde. Er ging bekanntlich als der Mann in die Geschichte ein, der die Beatles ablehnte.

Dabei soll es sein Kollege Mike Smith gewesen sein, der für die Entscheidung verantwortlich war. Denn zur gleichen Zeit hatten auch Brian Poole & The Tremeloes bei Decca vorgespielt, und Rowe hatte Smith gebeten, sich für eine Band zu entscheiden. Smith nahm die Tremeloes, weil sie aus London kamen und die Zusammenarbeit mit ihnen daher leichter sein würde. Pech gehabt.

Ein Jahr später gab ausgerechnet George Harrison Rowe einen brandheißen Tipp. Im „Crawdaddy Club" des Station Hotels in Richmond hatte der Beatle eine vielversprechende junge Gruppe gesehen: die Rolling Stones.

Rowe beeilte sich, Harrisons Rat zu folgen und sah sich die Newcomer an. Wenige Tage später schon handelte er mit Stones-Manager Andrew „Loog" Oldham einen Vertrag aus – zu ungewöhnlich guten Bedingungen für die Band: Bei drei Jahren Laufzeit fiel ihre finanzielle Beteiligung drei Mal so hoch aus wie damals üblich, und dazu erhielten die Stones volle künstlerische Kontrolle über Musik und Artwork.

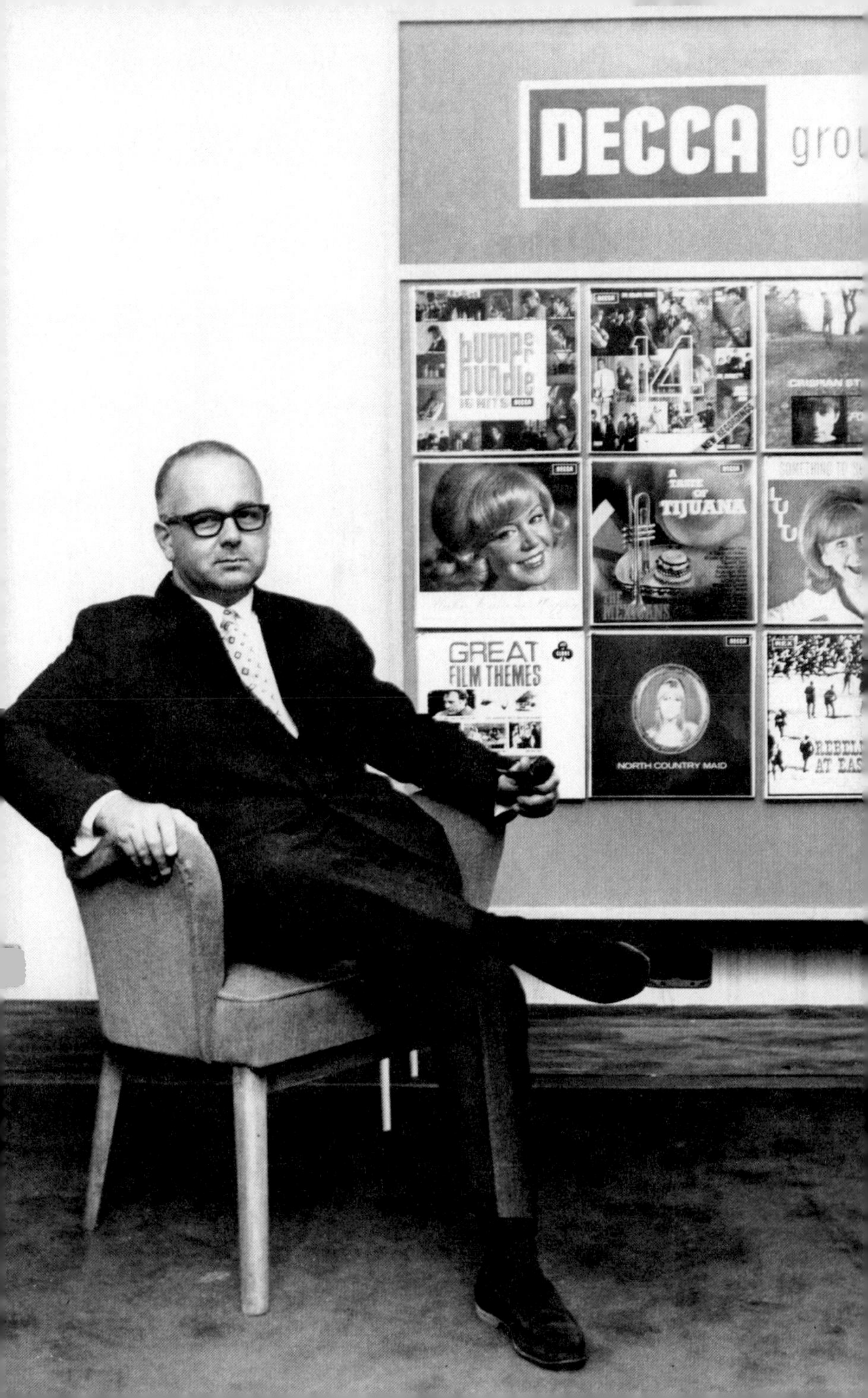
DECCA
TIJUANA
GREAT
FILM THEMES
NORTH COUNTRY MAID

With a little Help from my Friends

Sie hatten einen Plattenvertrag, ein Management und einen vollen Terminkalender. Was fehlte, war ein Hit. Und den schrieben ihnen ausgerechnet John Lennon und Paul McCartney – von Feindschaft zwischen Beatles und Stones konnte also keine Rede sein.

Die erste Single, das Chuck-Berry-Cover „Come On", hatte Platz 22 in den Charts erreicht. Zu wenig für die Ansprüche der Stones. Nur: Sie selbst wussten da noch nicht, wie man einen Hit schreibt. Guter Rat war also teuer in jenem Spätsommer 1963.

Die Rettung begegnete Manager Oldham am 10. September zufällig auf der Straße: Paul McCartney und John Lennon. Umgehend schleppte er die beiden in den Probenraum, wo gerade sämtliche Stones versammelt waren. Die Liverpooler boten den Kollegen einen neuen Song an. Bingo – Jagger und die Seinen machten aus „I Wanna Be Your Man" einen ruppigen R&B-Rocker. Er sollte sich als der nächste Schritt auf der Leiter nach ganz oben erweisen und es immerhin bis auf Platz zwölf schaffen.

Hintergrund der selbstlosen Hilfsaktion: Man kannte und man schätzte sich, spätestens seitdem die Beatles den Stones am 14. April ihre Aufwartung im „Crawdaddy Club" in Richmond gemacht hatten. Anschließend hatten die Beatles ihre neuen Freunde zu ihrem Auftritt beim BBC-Event „Swinging Sound 63" am 18. April in der Royal Albert Hall eingeladen. Dort schnupperten die jungen Stones nun zum ersten Mal den Glamour des Showbiz.

Bald sollten sie den Beatles ebenbürtig sein und selbst über Heerscharen kreischender weiblicher Fans verfügen. Die allerdings hätten nicht schlecht gestaunt, hätten sie von der Kumpanei hinter den Kulissen gewusst, denn die Boulevardpresse schürte zu dieser Zeit nach Kräften das Bild von den zwei verfeindeten Topbands im Königreich.

Die Freundschaft zwischen beiden Bands hält bis heute. So trafen sich Keith Richards und Paul McCartney im Januar 2005 in Parrot Cay auf den karibischen Turks- und Caicos-Inseln, wo sie gemeinsam einen Song schrieben und die sonderbare Idee ausbrüteten, einen aufblasbaren Hundetransportbehälter zu entwickeln. Es blieb bei der Idee.

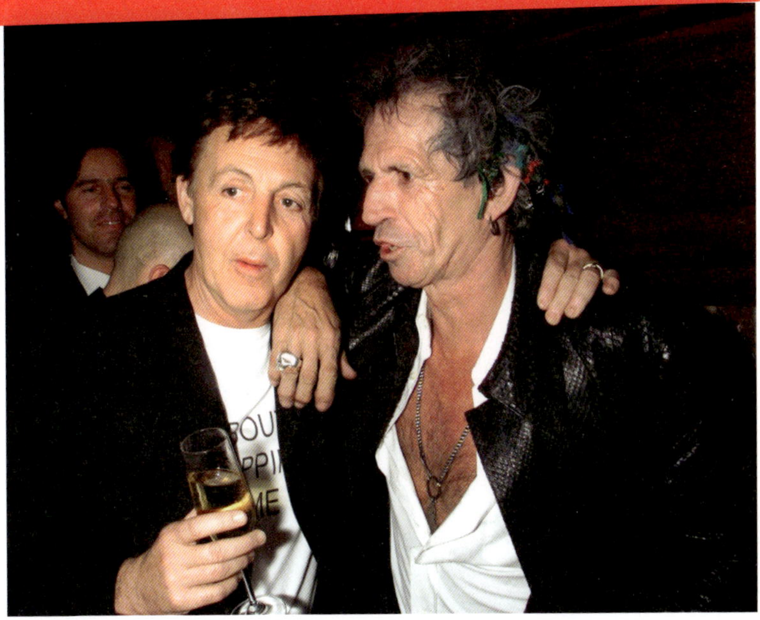

Bad Boys

Beatles oder Stones? Die Gretchenfrage der 1960er-Jahre beherrschte nicht nur die Diskussionen der Fans, sie stand auch symbolisch für die Images dieser beiden berühmtesten Bands ihrer Zeit: Die Liverpooler waren die braven Jungs, die Londoner die bösen Buben. Doch war es wirklich so?

Die Fab Four: kultiviert, schlagfertig, charmant. Die Rolling Stones: eine mürrische, ungehobelte Straßengang. Hier die Darlings, dort die Rebellen. Keith Richards: „Sie hatten den weißen Hut, wir nahmen den schwarzen." Alles Unsinn – im wirklichen Leben entstammten beide Bands der Mittelschicht. Wobei sich unter den Eltern der Stones sogar ein Lehrer (Basil Jagger) und ein Ingenieur (Lewis Jones) fanden, die Väter der restlichen sieben Musiker verdienten ihr Geld fast ausnahmslos mit klassischen Handwerksberufen. Entscheidend jedoch: Die musischen Talente der Kinder waren in allen Familien schon früh gefördert worden. So gehörten beide Bands einer für die späten 1950er-Jahre typischen jugendlichen Boheme an. Dabei waren die Londoner Stones sogar noch urbaner geprägt als die Beatles, die dem klassischen Liverpooler Arbeitermilieu entstammten.

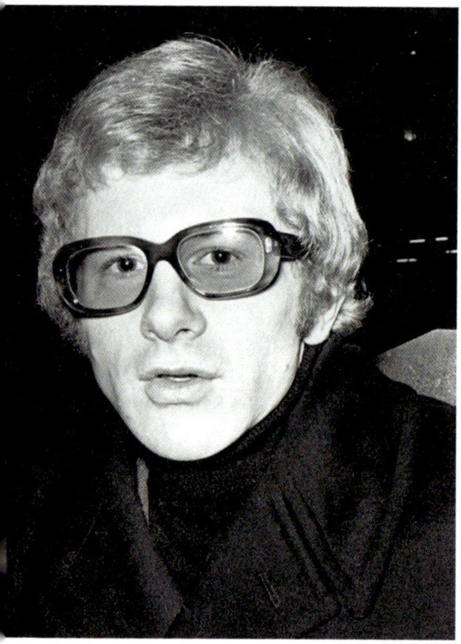
Stones-Manager Andrew Oldham

Der Rest waren Image und Inszenierung. Manager Oldham hatte seine Schützlinge anlässlich ihres ersten TV-Auftritts sogar in ordentliche Anzüge gesteckt. Aber erstens mochte das Outfit eh keiner, und zweitens hatte Richards sein Sakko schon vor dem Auftritt mit Rührei beschmiert. Also ließ Oldham die Band so, wie sie war, und schuf einen regelrechten Gegenentwurf zu den Beatles. Dabei waren die genauso wenig brav – nur: Sie waren die Ersten gewesen, die das englische Popbusiness aufmischten. Und dazu mussten sie sich, wie einst das Trojanische Pferd, zunächst mal harmlos und nett geben. Danach war eh nichts mehr wie zuvor.

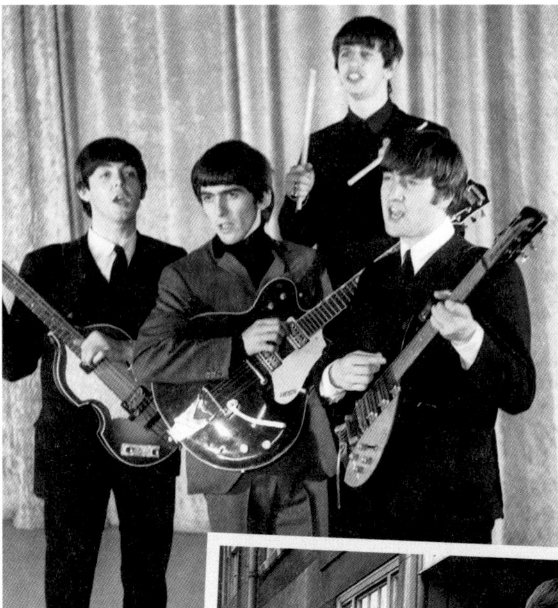

Brave Buben,
böse Buben …

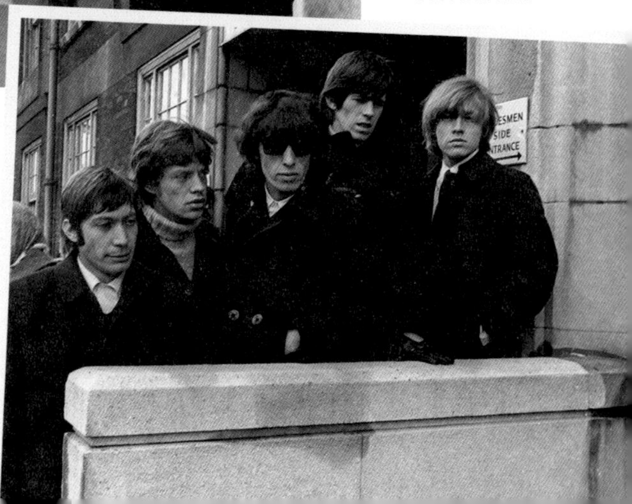

Eingesperrt

So viel war im Herbst 1963 klar: Die Beatles konnten den Stones nicht jedes Mal einen Song für die nächste Single schreiben. Irgendwann würden Jagger & Co. das selbst erledigen müssen. Nur wie? Manager Andrew Oldham ließ sich eine drastische Maßnahme einfallen ...

33 Mapesbury Road ist ein Eckhaus im nördlichen Londoner Stadtteil Willesden. Im Herbst 1963 hatten Mick Jagger und Keith Richards hier mit Andrew Oldham eine Dreizimmerwohnung bezogen. Eines Tages im November kam dem Manager, der seit geraumer Zeit vergeblich versuchte, seine Mitbewohner zum Songschreiben zu überreden, eine Idee: Er sperrte die beiden in die Küche ein, „nachdem er zuvor alles Ess- und Trinkbare entfernt hatte, und entschwand dann, um seine Mutter in Hampstead zu besuchen. Zum Abschied rief er ihnen zu, wenn sie an diesem Abend noch etwas zu essen haben wollten, sollten sie bei seiner Rückkehr besser einen Song fertig haben." So erzählt Jagger-Biograf Philip Norman die Geschichte.

Als Oldham abends zurückkehrte, hatten seine Schützlinge tatsächlich etwas zustande gebracht. Allerdings war „It Should Be You" kein Meisterwerk. Der Song wurde von den Stones zwar aufgenommen, aber nie veröffentlicht.

Keith Richards übrigens behauptet in seiner Autobiografie, dass an diesem Tag die Ballade „As Tears Go By" entstanden war. Wie dem auch sei: Ein Anfang war gemacht, und erstaunlich schnell schloss das Songwriterduo Jagger/Richards nun zur übermächtigen Konkurrenz aus Liverpool auf. Bereits auf dem Debütalbum der Stones war im Frühling '64 mit „Tell Me" eine erste eigene Komposition vertreten, und im Februar 1965 veröffentlichte die Band mit „The Last Time" ihre erste (fast) selbstgeschriebene Nr.-1-Single.

AHA!

Coverversionen I

Dass Jagger/Richards begonnen hatten, ihre eigenen Songs zu schreiben, hieß noch längst nicht, dass sie sich nicht gelegentlich bei anderen bedienten. Tatsächlich interpretierten die Stones bis in die 2000er-Jahre Fremdkompositionen und veröffentlichten sie gelegentlich auch als Singles – hier die 20 bekanntesten:

„Come On“ / Chuck Berry *(Single, Juli 1963)*
„I Wanna Be Your Man“ / John Lennon, Paul McCartney *(Single, November 1963)*
„You Better Move On“ / Arthur Alexander *(EP, Januar 1964)*
„Not Fade Away“ / Buddy Holly *(Single, Februar 1964)*
„It's All Over Now“ / Bobby & Shirley Womack *(Single, Juni 1964)*
„Around And Around“ / Chuck Berry *(EP, August 1964)*
„Little Red Rooster“ / Willie Dixon *(Single, November 1964)*
„Time Is On My Side“ / Norman Meade *(Albumtrack, Januar 1965)*
„Prodigal Son“ / Reverend Robert Wilkins *(Albumtrack, Dezember 1968)*
„Love In Vain“ / Robert Johnson *(Albumtrack, Dezember 1969)*
„You Gotta Move“ / Fred McDowell *(Albumtrack, April 1971)*
„Let It Rock“ / Chuck Berry *(Single-B-Seite, April 1971)*
„Shake Your Hips“ / Slim Harpo *(Albumtrack, Mai 1972)*
„Ain't Too Proud To Be“ / Norman Whitfield, Eddie Holland *(Albumtrack, Oktober 1974)*
„Cherry Oh Baby“ / Eric Donaldson *(Albumtrack, April 1976)*
„Just My Imagination“ / Norman Whitfield, Barrett Strong *(Albumtrack, Juni 1978)*
„Going To A Go-Go“ / Smokey Robinson, Pete Moore, Bobby Rogers, Marvin Tarplin *(Single, Juni 1982)*
„Harlem Shuffle“ / Bob Relf, Earl Nelson *(Single, Februar 1986)*
„Like A Rolling Stone“ / Bob Dylan *(Single, Oktober 1995)*
„Champagne & Reefer“ / Muddy Waters *(Albumtrack, April 2008)*

(Die drei Singleauskopplungen des ausschließlich mit Blues-Coverversionen bestückten Studioalbums „Blue & Lonesome“ von 2016 sind hier ausgenommen.)

Der amerikanische Albtraum

Am 1. Juni 1964 wähnten sich die jungen Rolling Stones am Ziel ihrer Träume: Sie starteten ihre erste US-Tournee. Ein Triumphzug, wie ihn die Beatles wenige Monate zuvor erlebt haben, blieb Mick Jagger und den Seinen jedoch verwehrt – stattdessen wurde auf dem dreiwöchigen Trip reichlich Lehrgeld fällig ...

Schon die Ankunft auf dem John F. Kennedy Airport in New York City fiel ernüchternd aus: Gerade mal 500 Fans erschienen dort – bei John, Paul, George & Ringo waren es im Februar noch 3000 gewesen. Und die Presse zeigte sich reserviert, wenn nicht feindselig. In diesen Tagen der sogenannten „British Invasion" riss sich das Land zwar um praktisch jede Gruppe junger Männer, die einen englischen Pass besaß und eine Gitarre halten konnte, die Stones aber waren den Amis nicht geheuer: „Lasst euch die Haare schneiden!" und „Wo sind die Rasierer?" waren nur einige der Sprüche, mit denen die Gäste begrüßt wurden.

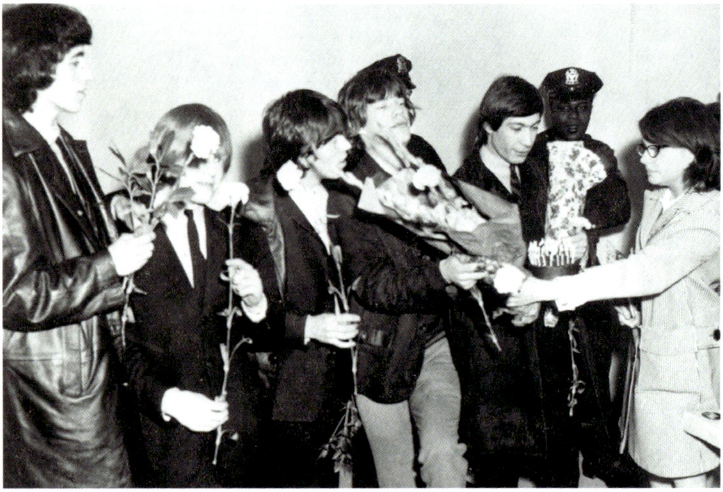

Rosen für die Rocker: Die Stones landen in New York.

Ed Sullivan, der die Beatles mit seiner Show vom 9. Februar berühmt gemacht hatte, fand die Stones widerlich und wollte sie nicht in seiner Sendung haben. Dafür durften sie bei Dean Martin und dessen „Hollywood Palace Show“ ran – nur um sich anzuhören, wie der angetrunkene Moderator Witze über sie machte: „Es sind gar nicht ihre Haare, die so lang sind. Sie haben bloß eine niedrige Stirn, und ihre Augenbrauen liegen höher.“

Nicht besser lief es auf den weiteren Stationen dieser US-Reise: Die Konzerte fanden vor gähnend leeren Rängen statt. In Minneapolis verloren sich mickrige 400 Fans, auch in Detroit, Omaha und Harrisburg waren es nicht viel mehr. In San Antonio traten die Stones bei einem Jahrmarkt vor Kindern und Cowboys auf – nach einer Affendressur-Nummer. Einziger Lichtblick: Bei jener Veranstaltung gastierte auch der US-Sänger Bobby Vee, in dessen Begleitband ein gewisser Bobby Keys spielte. Er freundete sich mit Keith Richards an. Bis zu seinem Tod im Jahr 2014 sollte Keys zu dessen engsten Freunden zählen und sein Saxophon auf den großen Welttourneen der Stones spielen.

Schach mit den Meistern

Als die Band am 21. Juni wieder in London Heathrow landete, hatte sie jedoch einen Schatz im Gepäck, der noch reichlich Rendite bringen sollte: Am 10./11. Juni hatten sie in Chicagos berühmten Chess Studios, wo schon Muddy Waters, Willie Dixon und Howlin' Wolf ihre Platten aufgenommen hatten, neue Songs eingespielt. Bilanz: Mit der neuen Single „It's All Over Now“ der erste Nr.-1-Hit daheim im Königreich und die EP „Five By Five“ mit Klassikern wie „If You Need Me“ und „Around And Around“!

Der Anstreicher

Der Irrtum hält sich so hartnäckig, weil ihn Keith Richards persönlich in die Welt gesetzt hat: Seit Jahrzehnten behauptet er, dass Muddy Waters in den Chess Studios die Wände streichen musste, als die Stones 1964 dort zu Besuch waren.

Tatort waren die berühmten Chess Studios in Chicago, und man schrieb den 10. Juni 1964: An diesem und dem folgenden Tag haben die in den Staaten noch weitgehend unbekannten Rolling Stones dort einen Aufnahmetermin gebucht. Für sie ist es – neben dem Besuch des Apollo Theatre in New York, wo die Stars der Schwarzen Musik auftreten – der absolute Höhepunkt ihrer ersten US-Reise. Denn in den Chess Studios haben ihre großen Idole, Männer wie Muddy Waters, Howlin' Wolf, Chuck Berry und Little Walter, ihre Platten aufgenommen.

Als die Band an jenem Tag in 2120 South Michigan Avenue ankommt, ist sie also gleichermaßen aufgekratzt und ehrfürchtig. Um zu zeigen, dass sie mit den Großen der Bluesszene mithalten können, „soffen" die jungen Engländer während der Session, so berichtet Studio-Manager Marshall Chess, „Jack Daniels aus der Flasche".

Keith Richards behauptet seit damals und auch in seiner 2010 erschienenen Autobiografie „Life": „Als wir ins Chess-Studio kommen, steht da ein Typ in schwarzem Overall auf der Leiter, das Gesicht voll weißer Farbe und streicht die Decke. Es ist Muddy Waters." Richards glaubt, dass die Labelchefs Waters dazu verdonnert haben, um auf diese Weise Studiokosten abzuarbeiten, weil sich seine Platten zu dieser Zeit

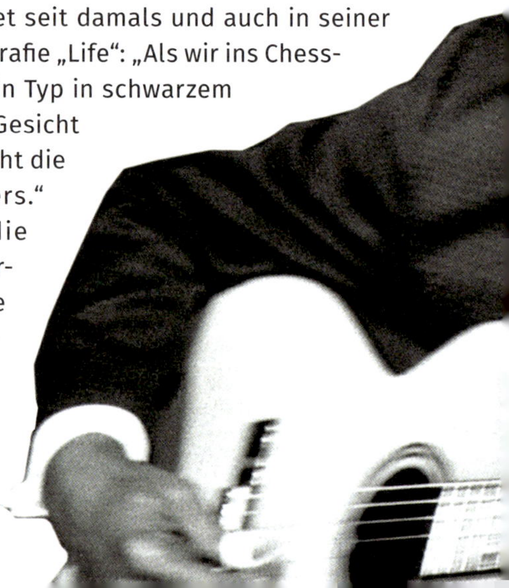

nicht verkaufen. Letzteres entspricht zwar den Tatsachen, denn Waters durchwandert zu dieser Zeit ein Karrieretal, alles andere aber ist, freundlich gesagt, unwahrscheinlich. Sämtliche Zeugen, die an diesem Tag zugegen waren, von Marshall Chess über Toningenieur Ron Malo bis hin zu einigen Angestellten, haben diese Geschichte über die Jahrzehnte immer wieder bestritten. Der Betroffene selbst, der schon 1983 gestorben ist, hat sich dazu nie geäußert. Und obwohl Richards meint, dass Stones-Bassist Bill Wyman den Vorfall bestätigen könne, hat der ihn in seiner minutiösen Autobiografie nicht einmal erwähnt. Stattdessen berichtet er dort, dass Waters die Band beim Ausladen draußen vor dem Studio angetroffen, zu deren Überraschung seine Hilfe angeboten und kurzerhand Equipment mit ins Studio getragen habe.

Marshall Chess stellte später in einem Interview klar: „Wenn Sie Muddy Waters kennen würden, wüssten Sie, dass er nicht hier war, um die Decke zu streichen. Muddy war immer rattenscharf angezogen. Es wäre ihm niemals in den Sinn gekommen, seine Stetson-Schuhe oder seinen Maßanzug mit Farbe zu bekleckern."

Aber wie das so ist mit den dollen Geschichten: Sie sind nicht totzukriegen.

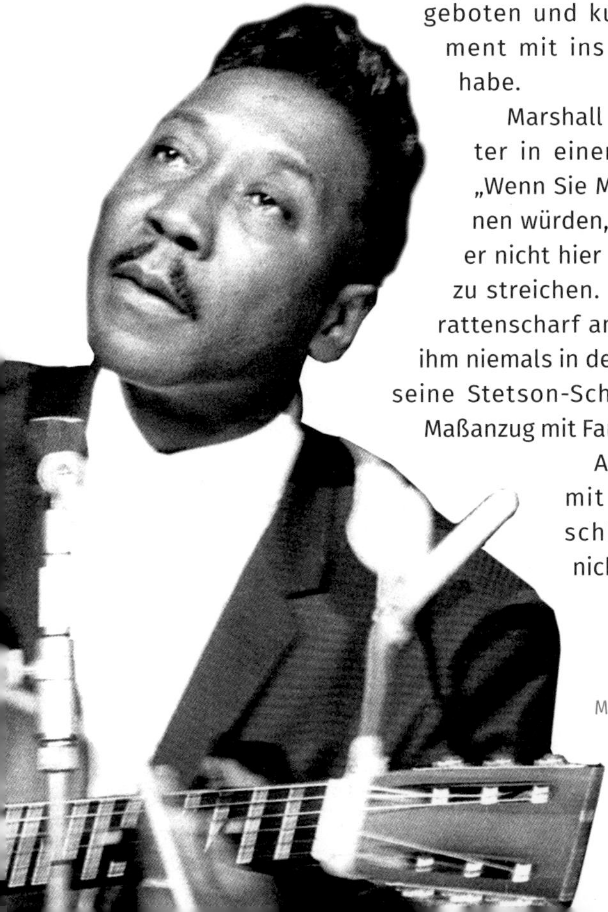

Muddy Waters

Im Schlaf

Im Frühling 1965 hatten die Stones längst auch in den USA Fuß gefasst, wo sie nun ihre bereits dritte Tournee absolvierten. In einem Hotelzimmer in Florida träumte Keith Richards in den Morgenstunden des 7. Mai eine Notenfolge. Schlaftrunken nahm er sie auf – es war das berühmteste Gitarrenriff der Rockmusik.

Angesichts ihres übervollen Terminkalenders finden Mick'n'Keef kaum Zeit, in Ruhe an neuen Songs zu arbeiten – dabei verlangt der Markt alle drei Monate einen neuen Hit. Keith Richards nimmt deshalb auf Reisen einen Kassettenrekorder mit, um musikalische Einfälle auch unterwegs festzuhalten. In der Nacht auf den 7. Mai 1965 erweist sich das als Glücksfall. Die Band hat am Abend im Jack Russell Stadium in Clearwater, Florida, ein Konzert gegeben. Am nächsten Tag soll es weitergehen nach Birmingham, Alabama. Irgendwann in der Nacht, so wird Richards später behaupten, wacht er auf und hat eine simple Tonfolge im Kopf. Schlaftrunken schnappt er sich eine Gitarre, drückt am Rekorder auf Aufnahme, spielt das Drei-Noten-Riff und ist kurz darauf wieder eingenickt. Der Rest ist Rockgeschichte: Am nächsten Morgen spielt er Mick Jagger die kurze Sequenz vor. Der ist begeistert, schreibt einen Text dazu, der die totale Kommerzialisierung des Alltags aufs Korn nimmt, und schon am 10. Mai nimmt die Band in Chicago eine erste Version des neuen Songs auf. Zwei Tage später entsteht in den RCA Studios in Hollywood die endgültige Aufnahme, unter anderem mithilfe der Maestro Fuzzbox, eines damals neuen Effektgeräts, das Keith Richards für das fanfarenartige Gitarrenintro des Songs einsetzt.

„(I Can't Get No) Satisfaction" erscheint am 6. Juni in den USA und am 20. August in England als Single. Der Song klettert u.a. in den USA, in UK und in der BRD auf Platz eins und macht die Stones in diesem Sommer zu Weltstars.

Some Girls

Die Freundinnen der Stones standen von Anfang an fast ebenso sehr im öffentlichen Fokus wie die Band selbst. In den Sixties waren es vor allem Marianne Faithfull und Anita Pallenberg, die Schlagzeilen machten.

„She's under my thumb!" Von wegen. Über die bildschöne Anita Pallenberg (1942–2017) ließ sich das jedenfalls nicht sagen. Im Gegenteil: Die selbstbewusste Schauspielerin wusste, was sie wollte, und sie nahm es sich. Zum ersten Mal tauchte sie im Umfeld der Stones nach deren Konzert im Münchener Zirkus Krone am 14. September 1965 auf. Fortan war sie die Freundin von Brian Jones. Das Ganze entwickelte sich jedoch zur Amour Fou – sie küssten und sie schlugen sich. Im Februar 1967 dann lief Pallenberg während einer gemeinsamen Marokko-Reise zu Keith Richards über. Für den labilen Jones eine Katastrophe, für die Stones eine extreme Belastungsprobe und für das neue Paar der Beginn einer langen, turbulenten Beziehung. Beim Dreh zum Kinofilm „Performance", in dem Mick Jagger eine Rolle spielte, soll sie auch eine Affäre mit dem Sänger gehabt haben, der zu dieser Zeit mit Marianne Faithfull (*1946) liiert war ... Kennengelernt hatte Jagger die ehemalige Klosterschülerin, die mit dem Jagger/Richards-Song „As Tears Go By" selbst bekannt geworden war, bereits 1964 auf einer Party. Die Beziehung hielt bis 1969, nachdem Faithfull einen Selbstmordversuch nur knapp überlebt hatte.

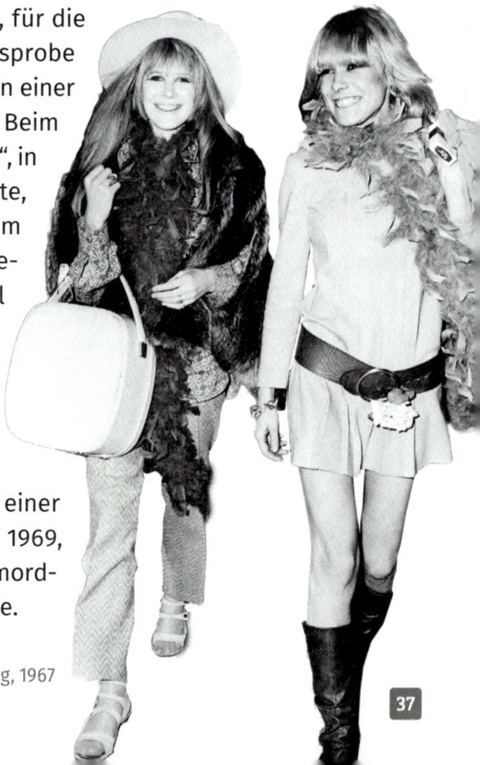

Marianne Faithfull (l.) und Anita Pallenberg, 1967

Randale im Schanzenwald

Der Abend wurde zur skandalumwitterten Legende: Am 15. September 1965 nahmen Fans die Berliner Waldbühne auseinander. Der Grund soll der nur sehr kurze Auftritt der Stones gewesen sein. Das aber ist allenfalls die halbe Wahrheit.

Brian Jones ahnte, was auf ihn zukam. Bevor er auf die Bühne ging, hatte er sich also einen Baseballschläger in die Gesäßtasche seiner Jeans gesteckt. Zwar musste er von der Waffe dann doch keinen Gebrauch machen, viel hätte aber nicht gefehlt. Denn nach dem Konzert glich die Berliner Waldbühne einem Schlachtfeld, und die Bilanz nach diesem letzten von fünf Gastspielen der Rolling Stones in der Bundesrepublik fiel heftig aus: Der Polizeibericht vom 16. September vermeldete 300.000 D-Mark Sachschaden (später auf 400.000 korrigiert), 89 Festnahmen, 61 Erste-Hilfe-Versorgungen, 28 ambulante Behandlungen, 26 verletzte Polizisten und ein verletztes Polizeipferd.

Hinterher beschuldigte die Polizei die Boulevardpresse, die Randale herbeigeschrieben zu haben („Bild" schon vor dem Konzert: „Ekstase, Ohnmacht und Krawall!"). Derweil verlangte die Presse härtere Maßnahmen gegen die außer Rand und Band geratenen Fans, und alle zusammen sahen die Stones zumindest in der Mitverantwortung, hatten Jagger & Co. doch nach nur 20 Minuten die Bühne verlassen und damit, so glaubte man, die nächtliche Randale im Berliner Schanzenwald erst ausgelöst.

Tatsächlich aber war es schon im Vorfeld des Konzerts und während des Vorprogramms zu Zusammenstößen von Fans und Staatsmacht gekommen. Als die Stones um 21.30 Uhr die Bühne betraten, eskalierte die Situation endgültig. Dutzende Zuschauer stürmten die Bühne. Die Musiker flüchteten in ihre Garderoben, während Polizisten mit Schlagstöcken für Ordnung sorgten. Erst nach einer mehrminütigen Pause konnte das Konzert fortgesetzt

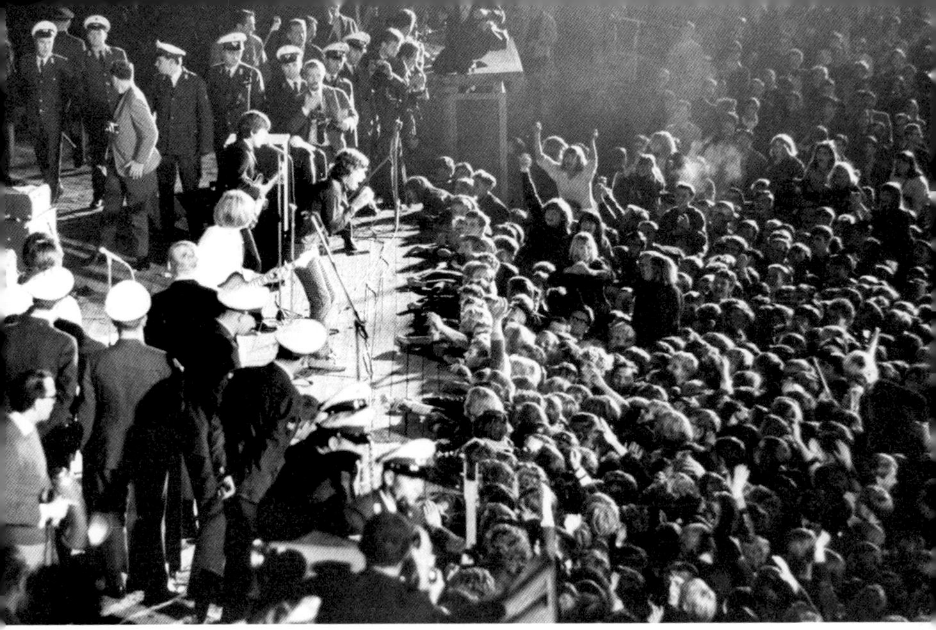

Die Stones in Berlin: Wenige Minuten später lag die Waldbühne in Trümmern.

werden. Drei Songs gab es noch, dann beendete der Veranstalter das Ganze um kurz vor 22.00 Uhr. Insgesamt hatten die Stones knappe 20 Minuten gespielt. Aber: Ihre Schuld war das nicht, und ohnehin dauerten Beat-Konzerte damals nicht länger als eine halbe Stunde. Deshalb war schließlich das Begleitprogramm mit vier Bands (Racketts, Team Beats, Rivets, Didi & His ABC Boys) organisiert und die Auftrittszeit der Stones für den Zeitraum von 21.30 Uhr bis zum offiziellen Veranstaltungsende um 22.00 Uhr festgelegt worden.

Der wohl folgenreichste Auslöser für die folgenden Unruhen, die in wüsten Straßenschlachten rund um die Waldbühne gipfelten: Nach dem Ende des Stones-Auftritts richteten die Veranstalter zunächst sämtliche Scheinwerfer ins Publikum, um sie wenig später komplett auszuschalten, so dass das Gelände plötzlich im Dunkeln lag. Bei der darauffolgenden Zerstörungsorgie durch wütende Fans ging der größte Teil der Waldbühne zu Bruch.

Anschließend lag das Freilufttheater als Veranstaltungsort für 15 Jahre brach. Und die Rolling Stones kehrten erst im Rahmen ihrer 1982-Europatournee zurück.

Das zerbrechliche Genie

Er gründete die Rolling Stones – und musste sie als Erster verlassen: Brian Jones war eine der schillerndsten Figuren der Popszene der 1960er-Jahre, gleichermaßen begnadetes Talent wie schwieriger Charakter. Am Ende gründete er den berüchtigten „Club 27“ …

Einer der hartnäckigsten Irrtümer über Brian Jones behauptet, dass Jagger und Richards ihn aus der Band geekelt haben. Die Wahrheit ist komplizierter: Jones war nicht in der Lage, dem Druck eines Popstarlebens standzuhalten. Schon als 17-Jähriger wurde der Sohn eines Ingenieurs zum ersten Mal Vater. Als die Stones 1965 mit „Satisfaction“ zu Weltstars aufstiegen, waren bereits fünf (!) uneheliche Kinder aus seinen Lenden verbürgt. Der 23-jährige Jones war da längst in einer fatalen Abwärtsspirale gefangen. Drogen und Alkohol ruinierten seine Gesundheit und auch seine Kreativität. Brauchbare Songs bekam er nicht zustande, also musste er das Songwriting Jagger/Richards überlassen. Ihm blieb die Nebenrolle: Mit exotischen Instrumenten wie Marimba und Sitar streute er akustischen Goldstaub über Songs wie „Under My Thumb“ und „Paint It Black“.

Zeitzeugen bestätigen: Im Umgang war Jones unberechenbar, mal liebenswürdig und charmant, dann wieder verschlagen und paranoid. Als dann Anita Pallenberg in sein Leben trat, verfiel er ihr auf der Stelle. Und bald spürte er, dass er der selbstbewussten, weltläufigen Schönheit kaum gewachsen war. Sie verließ ihn ausgerechnet wegen Keith Richards – ein Schlag, von dem sich Jones nicht mehr erholen sollte. Bei den Stones tauchte er nun kaum noch auf, dafür stand er wegen seiner Drogeneskapaden umso häufiger vor dem Richter. Als die Band ihren untragbar gewordenen Gründer im Juni 1969 rauswarf, nahm das Schicksal seinen traurigen Lauf.

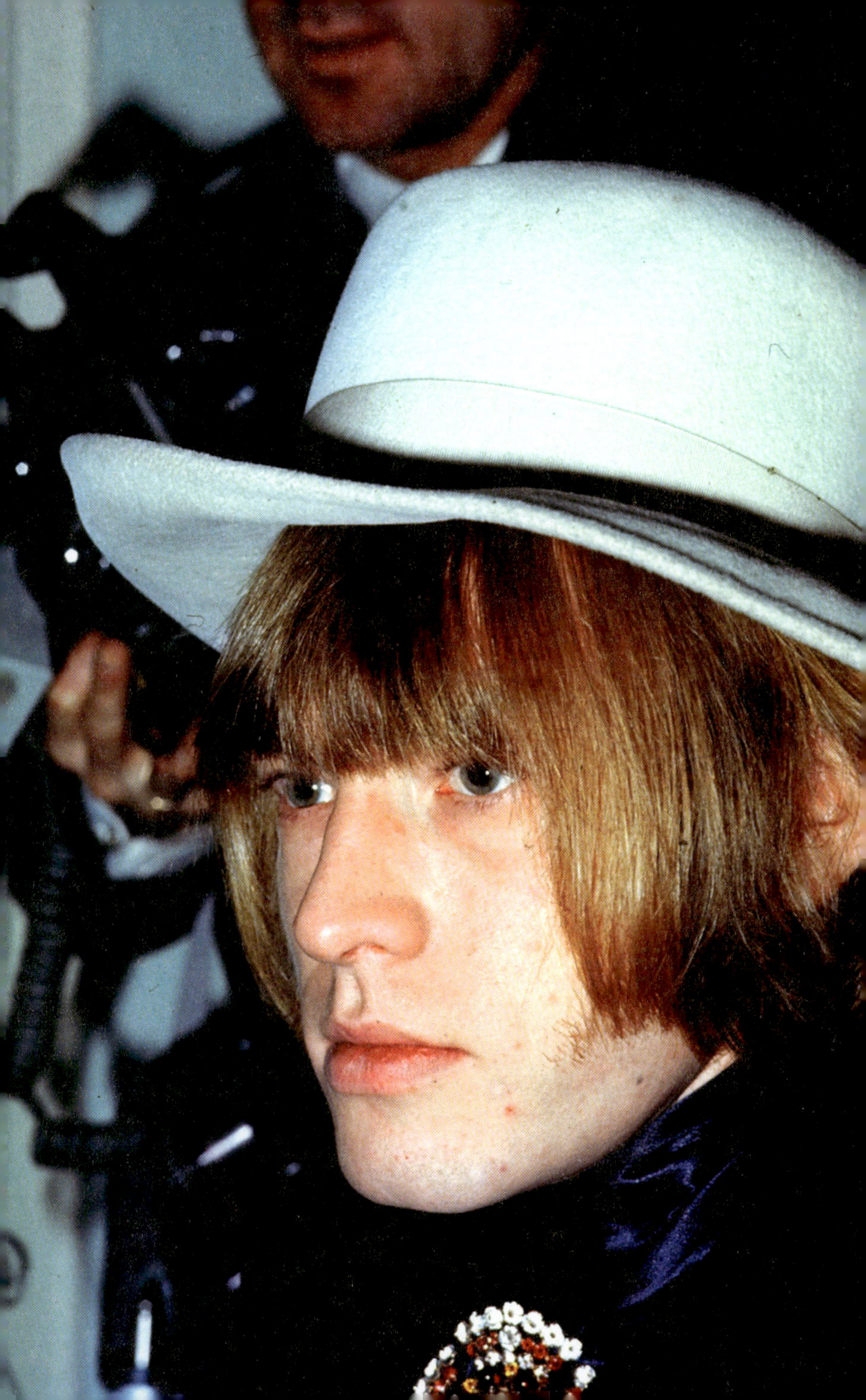

Mord in Sussex?

Als man Brian Jones am 3. Juli 1969 tot im Swimmingpool seines Anwesens fand, hatte die Popkultur der 1960er-Jahre ihr erstes prominentes Opfer zu beklagen. Letztlich starb der Stones-Gründer an einer Überdosis Sex & Drugs & Rock'n'Roll – die Begleitumstände seines Todes aber erscheinen bis heute mysteriös ...

Dabei sind die Fakten unstrittig: Den Abend des 2. Juli verbrachte Brian Jones in Cotchford Farm, East Sussex, mit einem Bauunternehmer namens Frank Thorogood und zwei Frauen, Janet Lawson und Anna Wohlin. In der lauen Nacht gehen die beiden Männer im hauseigenen Pool schwimmen, die Frauen bleiben im Haus. Später werden sie berichten, dass Thorogood nach einer Weile ins Haus gekommen sei, um Zigaretten zu holen. Anschließend sucht Lawson draußen nach Jones und findet ihn leblos auf dem Grund des Pools liegen.

Die Obduktion des Leichnams ergibt „Tod durch Ertrinken unter Einfluss von Alkohol und Drogen", die Behörden sprechen von einem Unglücksfall. Die Stones erfahren vom Tod ihres Ex-Bandkollegen per Telefon in den Londoner Olympic Studios, wo sie gerade arbeiten. Geschockt funktionieren sie ihr zwei Tage später im Hyde Park geplantes Konzert zur Gedenkfeier für Jones um.

Dessen Ende ließ Fragen offen. Bald wurden erste Zweifel an den Aussagen der Zeugen laut, und Gerüchte schossen ins Kraut, dass es in jener Nacht nicht mit rechten Dingen zugegangen sei. Auch von Mord war die Rede. Spektakulär die Enthüllungen des damaligen Stones-Chauffeurs Tom Keylock, der Jahrzehnte später behauptete, Thorogood habe ihm 1993 auf seinem Totenbett gestanden, Jones im Streit um ausstehende Rechnungen für Bauarbeiten in Cotchford Farm ertränkt zu haben. Neue Beweise aber fanden sich nicht – 2010 schloss die Polizei die Ermittlungsakte Jones endgültig.

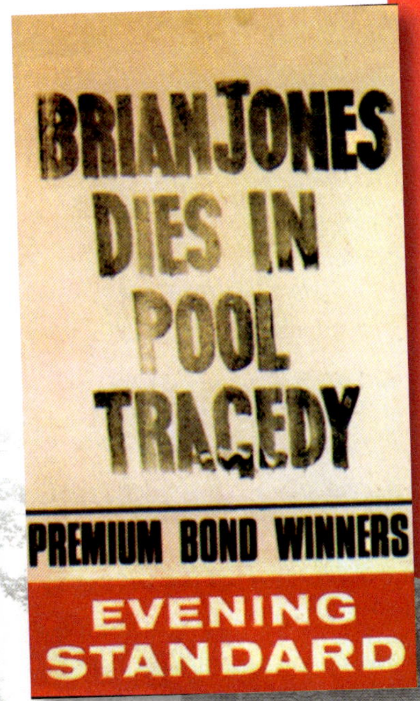

Cotchford Farm war zuvor bereits Schauplatz einer wesentlich schöneren Geschichte als dieser um Brian Jones' ungeklärten Tod: „Pu der Bär"-Autor Alan Alexander Milne (1882–1956) kaufte das Landhaus 1925 und verbrachte dort die Sommer mit seiner Familie. Das Haus lag in der Nähe des Ashdown Forest, einem Naturschutzgebiet, dessen Landschaft Milne als Vorbild für den Hundert-Morgen-Wald diente, in dem die beliebten Geschichten um Christopher Robin, Winnie Pu, Ferkel und Co. spielen.

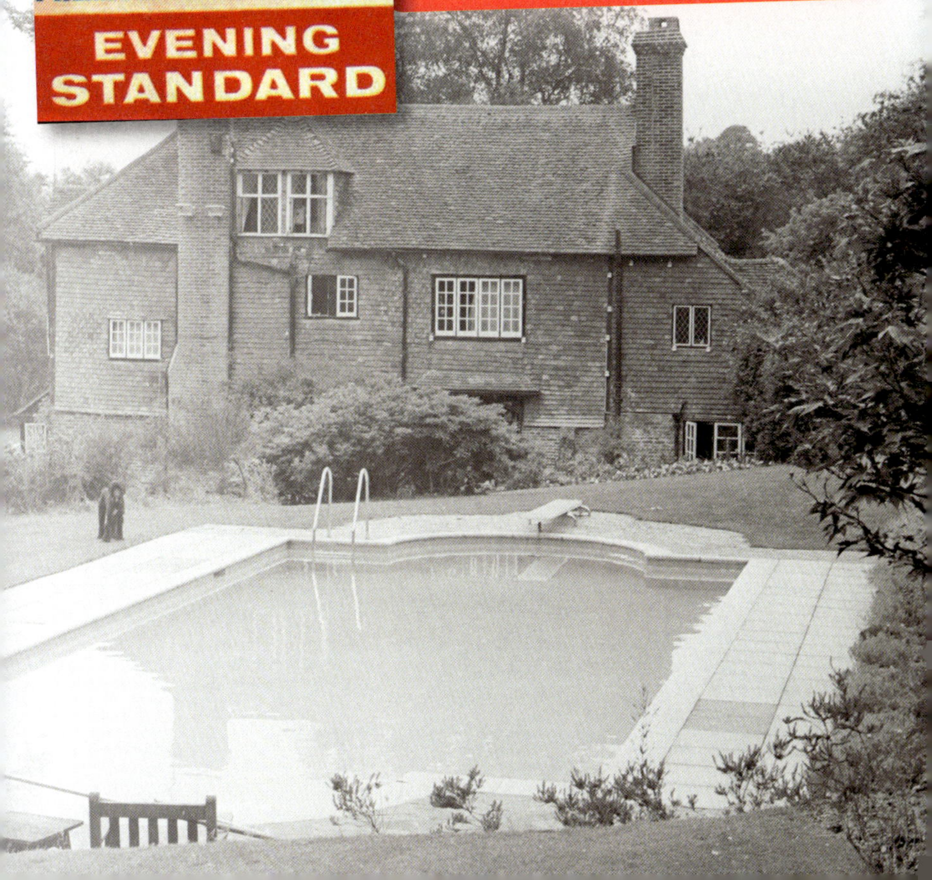

Der Zauberer

Nach dem in vieler Hinsicht chaotischen Hippiejahr 1967 mussten sich die Rolling Stones neu erfinden. Dazu aber brauchten sie Hilfe: Mit dem US-Amerikaner Jimmy Miller holten sie nun erstmals einen externen Produzenten an Bord – und der erwies sich als Glücksgriff.

Als das Jahr 1968 begann, war der Stones-Dampfer bedenklich ins Schlingern geraten: Zuletzt hatte die Band mehr mit Gerichtsterminen und sonstigen Kalamitäten zu tun als mit Musik. Die einstige Erfolgsallianz mit Manager Oldham war zerbrochen, der letzte Nr.-1-Hit („Paint It Black") lag schon fast zwei Jahre zurück, und mit dem Album „Their Satanic Majesties Request", das neben Perlen wie „She's A Rainbow" und „2000 Light Years From Home" jede Menge psychedelischen Murks enthielt, waren weder die Fans noch die Band so richtig glücklich.

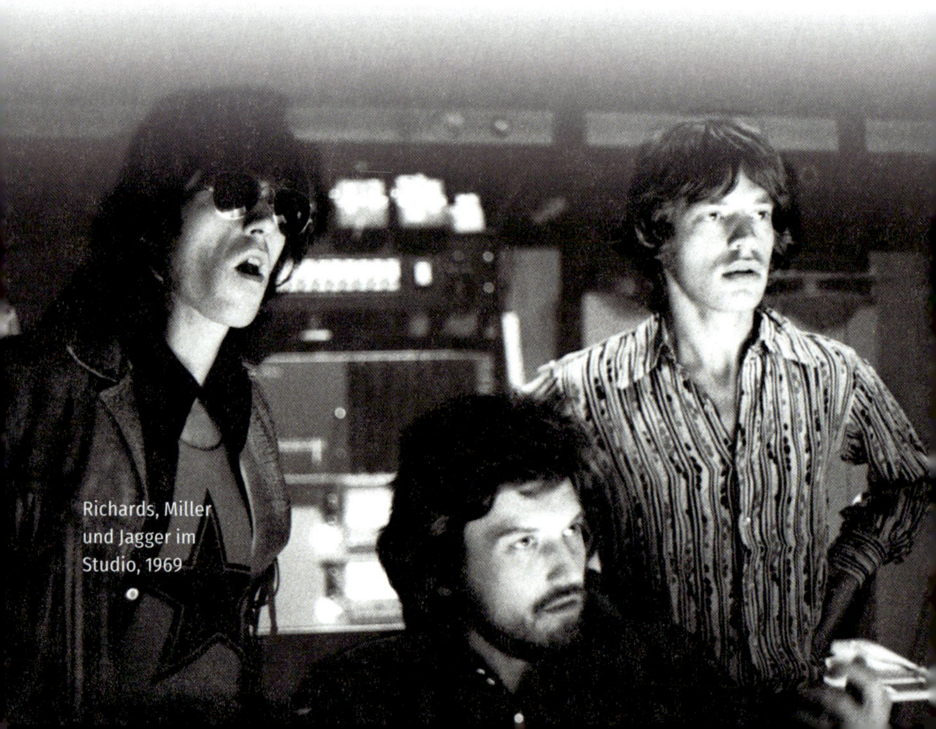

Richards, Miller und Jagger im Studio, 1969

Mick Jagger wusste: Wenn seine Band in den wilden musikalischen Wassern jener Jahre mithalten wollte, musste etwas geschehen. Die Kids hörten längst anderen zu, etwa Jimi Hendrix, Procol Harum und Pink Floyd.

In dieser Situation wurde er auf einen Mann aufmerksam, der gerade das Debütalbum von Traffic produziert und der Band von Steve Winwood damit einen perfekten Start verschafft hatte. Jimmy Miller (1942–1994) kam aus New York, war von Haus aus Drummer und dazu derselben Meinung wie Jagger: Höchste Zeit für ein richtiges Stones-Album – zurück also zu den Wurzeln, zu kernigem R&B und Rock'n'Roll.

Im März begann die Band in den Olympic Studios, den Kahn mit neuem Steuermann wieder auf Kurs zu bringen. Eingeläutet wurde der Aufbruch in die nun folgende goldene Stones-Ära mit dem donnernden Gitarrenintro der Single „Jumpin' Jack Flash". Bis 1973 sollte Jimmy Miller die Studioalben der Stones produzieren – eins magischer als das andere.

Jimmy Millers Vater Bill (1904–2002) war es, der im Jahr 1969 Elvis Presley zu einer Auftrittsserie in einem Casino in Las Vegas überredete. Fortan war Elvis aus der Spielermetropole nicht mehr wegzudenken.

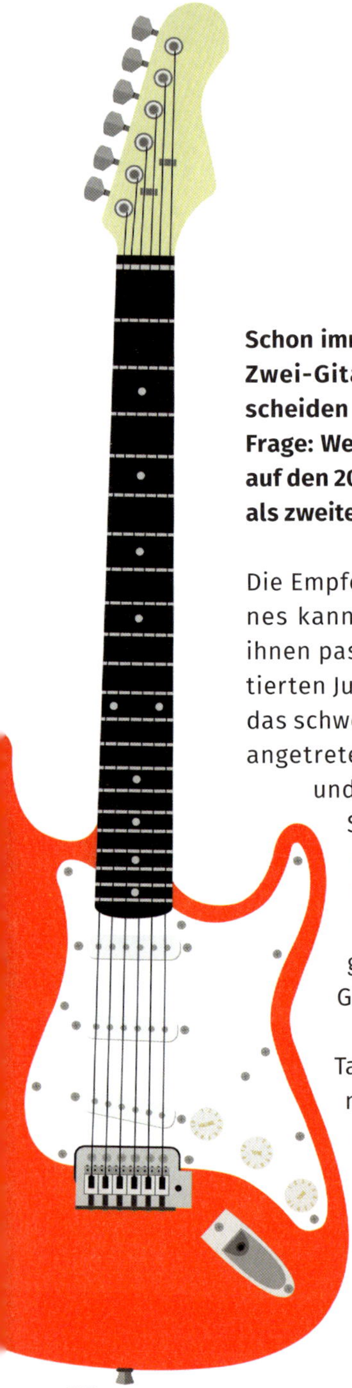

Die zweite Gitarre

Schon immer hatten sich die Rolling Stones als eine Zwei-Gitarren-Band verstanden. Mit dem Ausscheiden von Brian Jones stellte sich also 1969 die Frage: Wer übernimmt dessen Posten? Die Wahl fiel auf den 20-jährigen Mick Taylor – und der erwies sich als zweiter Glücksgriff innerhalb kürzester Zeit.

Die Empfehlung kam von einem Mann, der die Stones kannte wie kein Zweiter und wusste, wer zu ihnen passen könnte: Ian Stewart hatte den talentierten Jungen, der bei John Mayalls Bluesbreakers das schwere Erbe von Eric Clapton und Peter Green angetreten hatte, bereits auf der Bühne gesehen und war von dessen flüssigen und eleganten Spiel restlos begeistert. Als klar wurde, dass eine weitere Zusammenarbeit mit Brian Jones definitiv unmöglich war, gab Stewart Mick Jagger den Tipp, es mit dem gerade 20-jährigen Mick Taylor aus Welwyn Garden City zu versuchen.

John Mayall gab seinen Segen, und so stand Taylor am 24. Mai 1969 zum ersten Mal mit seiner neuen Band im Studio, wo er einige Gitarrenlicks zu dem im Entstehen begriffenen Song „Live With Me" beisteuerte. Wenig später, beim Hyde-Park-Konzert am 4. Juli, feierte er seine Live-Premiere als Rolling Stone vor mehr als 300.000 Zuschauern.

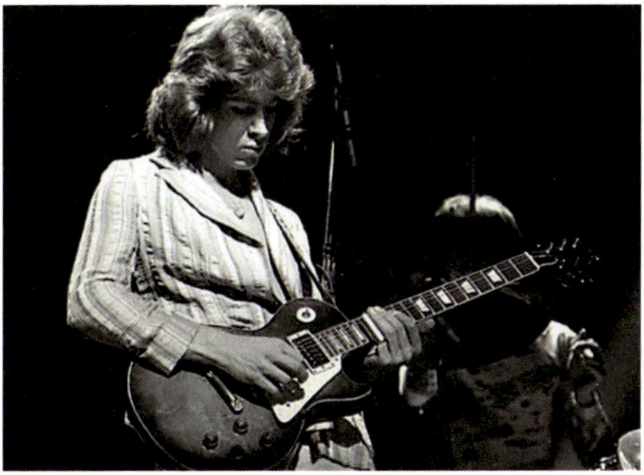

Nachfolge: Mick Taylor kam für Brian Jones.

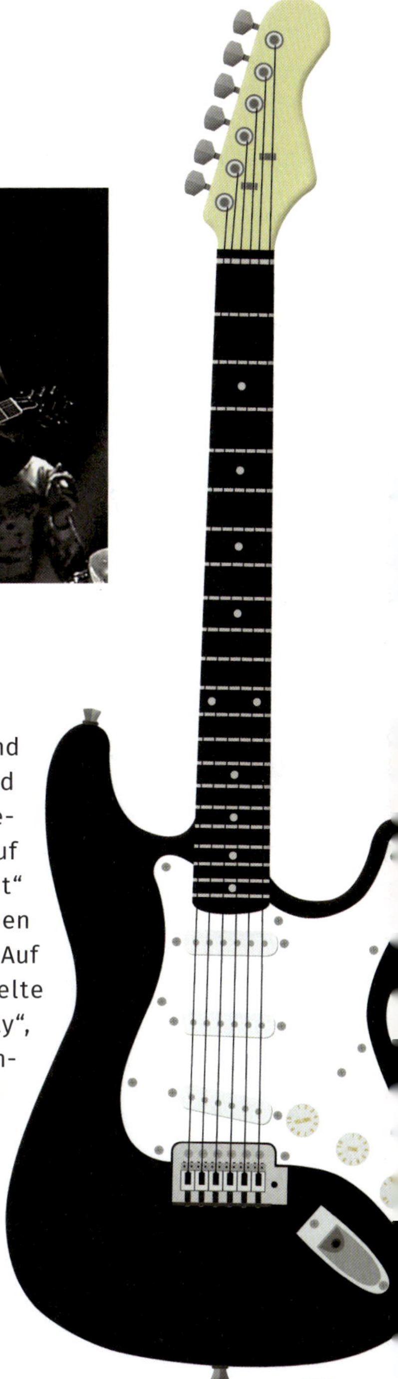

Wie sehr Taylor den Sound der Band mit seinem geschmeidigen und geschmackvollen Ton auf Anhieb bereicherte, lässt sich besonders gut auf dem Livealbum „Get Yer Ya-Ya's Out“ hören, das seine erste US-Tour mit den Stones im Herbst 1969 dokumentiert. Auf den folgenden Studioalben veredelte Taylor mit seinen Soli Songs wie „Sway“, „Can't You Hear Me Knocking“, „Moonlight Mile“, „Rocks Off“, „Bitch“ und „Time Waits For No One“ – nicht zuletzt durch sein Spiel wurden sie allesamt zu Klassikern. Viele Fans halten die Stones der Taylor-Ära von 1969 bis 1974 für die besten.

AHA!

Vier gewinnt!

Welches ist das beste Stones-Album? Nicht nur Fans treibt diese Frage immer wieder um, auch Feuilletons diskutieren sie regelmäßig. Dabei ist unbestritten, dass die Band ihren kreativen Höhepunkt zwischen 1968 und 1972 erlebte – vier unsterbliche Klassiker veröffentlichte sie in dieser Zeit.

„Beggars Banquet" (1968) Das Plattencover erinnerte an die kurz zuvor erschienene Doppel-LP „The Beatles" und stand symbolisch für den neuen Kurs der Stones: Back to the Roots! Nach den psychedelischen Experimenten des Vorjahres besann sich die Band auf das, was sie groß gemacht hatte: der schwarze Blues ihrer Vorbilder und der harte Rock ihrer frühen Jahre, gefiltert durch ihre gewachsene musikalische Reife.
Highlights: „Sympathy For The Devil", „Street Fighting Man", „No Expectations".

„Let It Bleed" (1969) Schon die Eingangssequenz des Openers „Gimme Shelter" hypnotisierte den Hörer. Mit diesem Album zeigten die Stones, dass sie entgegen mancher Kritikermeinung sehr wohl Zukunft hatten. Mehr noch: Sie waren in der Form ihres Lebens, schufen Songmonumente für die Ewigkeit und ließen sich zu Recht „The Greatest Rock'n'Roll Band in the World" nennen.
Highlights: „Gimme Shelter", „Midnight Rambler", „You Can't Always Get What You Want".

„Sticky Fingers" (1971) Das Stones-Album mit dem berühmten Cover war das erste, das mit dem markanten Zungenlogo erschien. Es begründete eine neue Zeitrechnung: Die 1970er-Jahre waren angebrochen, die Stones logierten an der Cote d'Azur, und sie feierten das Leben – zum Beispiel mit dem rumpelnden

Boogierock des Nr.-1-Hits „Brown Sugar". Dass ihnen auch die Abgründe vertraut waren, zeigen Albumtracks wie das epische „Wild Horses" und die düstere Heroin-Meditation „Sister Morphine".
Highlights: „Brown Sugar", „Can't You Hear Me Knocking", „Moonlight Mile".

„Exile On Main St." (1972) Nicht wenige halten dieses vielfältige Wunderwerk für das beste aller Stones-Alben. Entstanden im Sommer 1971 in den feuchtheißen Katakomben von Keith Richards' südfranzösischer Villa Nellcôte, bietet „Exile" fiebrigen Bluesrock, rauen Folk, feierlichen Soul und betörende Gospel-Momente.
Highlights: „Tumbling Dice", „Sweet Virginia", „Happy", „Shine A Light".

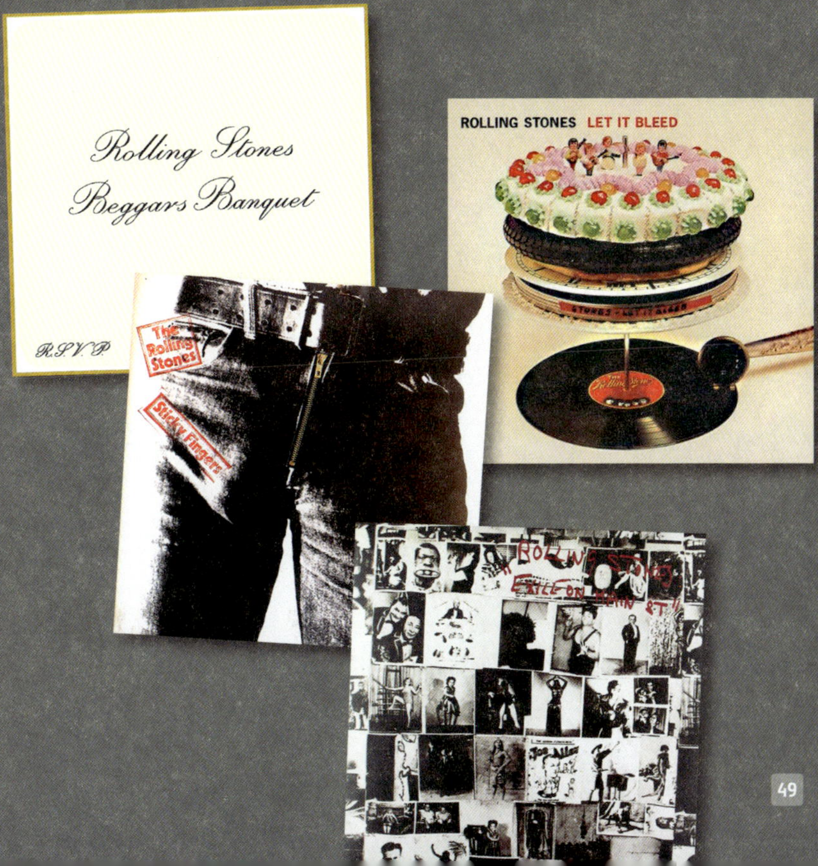

Gimme Shelter!

Es sollte ein rauschendes Fest werden – und wurde zum größten Desaster in der Karriere der Rolling Stones: Als sie am 6. Dezember 1969 im kalifornischen Altamont auf der Bühne standen, wurde vor ihren Augen ein Zuschauer erstochen. Allein verantwortlich für die Katastrophe war die Band jedoch nicht.

Zum Finale ihrer US-Tour veranstalteten die Rolling Stones am 6. Dezember 1969 in Kalifornien das Altamont Free Concert. Der als Westküsten-Woodstock geplante Event wurde zum Horror und ging als das Ende des Traums von Love & Peace in die Geschichte ein.

Erst 24 Stunden (!) vor Konzertbeginn hatte der Altamont Speedway bei Livermore als Veranstaltungsort festgestanden. Gelände und Infrastruktur waren jedoch für die 300.000 Zuschauer ungeeignet, zudem fehlte es an sanitären Einrichtungen und medizinischer Versorgung. Die provisorische, von keiner Seite geschützte Bühne erhob sich nur einen Meter über dem Boden. Und: Hells Angels waren als Ordner angeheuert worden. Eine fatale Entscheidung. Als die Stones „Under My Thumb" spielten, erstach ein Biker vor der Bühne den 18-jährigen Farbigen Meredith Hunter.

Die beklemmenden Szenen sind in dem Tourneefilm „Gimme Shelter" festgehalten. Den Stones warf man später vor, die Masse bewusst als Kulisse für den Film benutzt und sich nicht um deren Sicherheit gekümmert zu haben. Dabei waren mit der Planung und Durchführung auch festivalerfahrene Leute wie Chip Monck (Monterey, Woodstock) betraut gewesen. Aber auch sie konnten das durch Drogen, Zeitdruck, Desorganisation und die Hybris der Beteiligten verursachte Desaster nicht verhindern. Letztlich hatte Stones-Bassist Bill Wyman mit seiner Einschätzung recht: „Es war Naivität, die uns in diese blutige Situation gebracht hatte, und nichts als Glück, dass wir da heil rausgekommen sind."

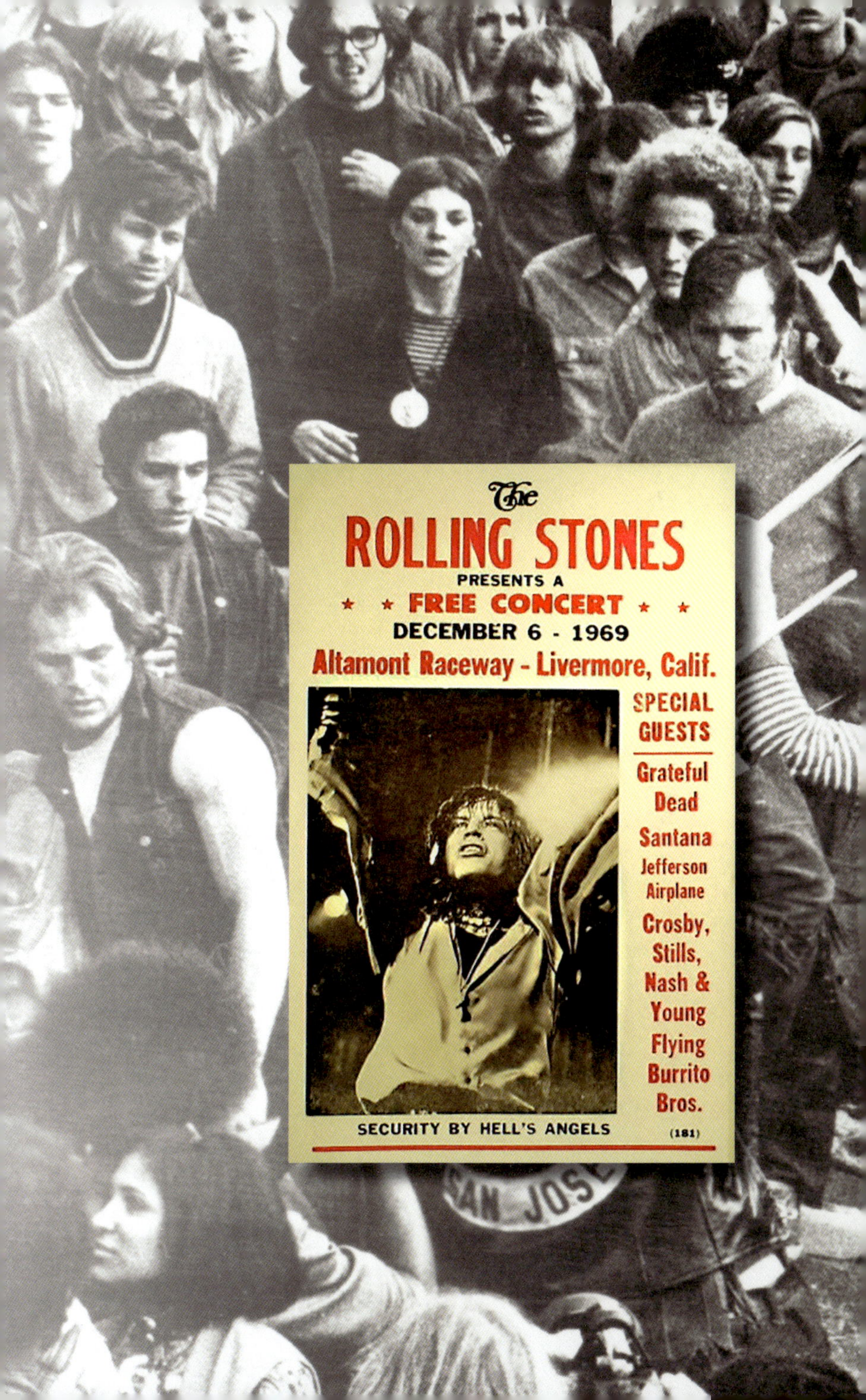

The
ROLLING STONES
PRESENTS A
FREE CONCERT
DECEMBER 6 - 1969
Altamont Raceway - Livermore, Calif.
SPECIAL GUESTS
Grateful Dead
Santana
Jefferson Airplane
Crosby, Stills, Nash & Young
Flying Burrito Bros.
SECURITY BY HELL'S ANGELS
(181)

Street Fighting Men?

Wie keine andere Band der 1960er-Jahre stehen die Stones für die rebellische Seite der Pop-Revolution. Kein Wunder, dass die Linke sie damals heftig an ihren Busen drückte. Tatsächlich aber hatten Jagger & Co. mit deren politischen Zielen nie etwas am Hut – auch wenn sie von Umsturz und Randale sangen.

„Everywhere I hear the sound of marching, charging feet, boy, 'cause summer‘s here and the time is right for fighting in the street, boy ...“ Demonstrationen, Proteste, Barrikadenkämpfe, Schüsse und brennende Autos – das Jahr 1968 ging als das turbulenteste in die Geschichte des Jahrzehnts ein. Im April war Martin Luther King ermordet worden, Rudi Dutschke Opfer eines Attentats geworden und im Juni US-Präsidentschaftskandidat Robert Kennedy erschossen worden. Beim Wahlkonvent der Demokraten in Chicago war es im August zu einem erschreckend brutalen Polizeieinsatz gegen demonstrierende Studenten gekommen, und in den Schwarzenvierteln der nordamerikanischen Metropolen prügelte die Staatsmacht auf Black-Panther-Aktivisten ein. Es sah so aus, als würden die USA in einen Bürgerkrieg schlittern. Und in den anderen Großstädten der westlichen Welt – London, Paris, Tokio und Westberlin – tobten ebenfalls Straßenkämpfe.

Die eingangs zitierten Songzeilen aus „Street Fighting Man“, herausgebellt von Mick Jagger zu einem geradezu gewalttätigen Riff von Keith Richards‘ Gitarre, lieferten einen Kommentar zu dem, was in diesem Frühsommer 1968 auf den Straßen der Welt geschah. Der Song entwickelte sich zur Hymne. Und natürlich reklamierte die Internationale Linke die Band, von der dieses aufwühlende Stück Musik stammte, für ihr eigenes Lager, betrachtete sie als Waffenbrüder und erklärte sie zum musikalischen Stoßtrupp der Revolution.

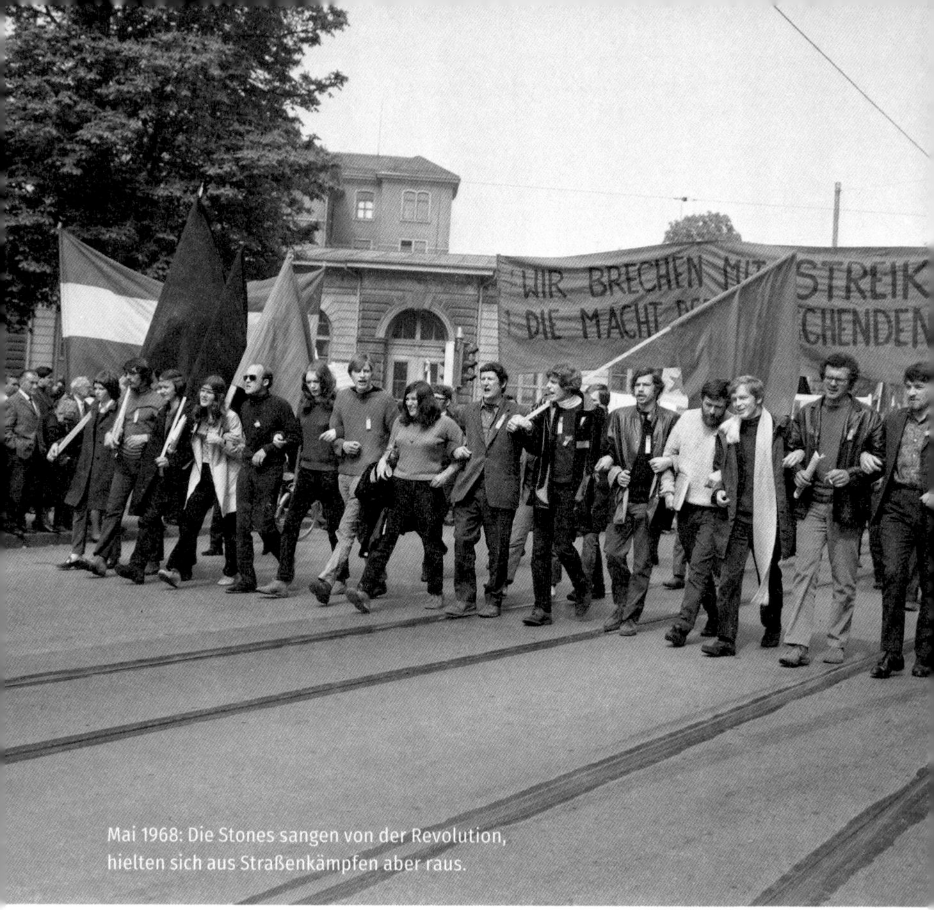

Mai 1968: Die Stones sangen von der Revolution, hielten sich aus Straßenkämpfen aber raus.

Die Stones allerdings wollten davon nichts wissen. Songs wie „Street Fighting Man“ waren nicht als Marseillaise der Gegenkultur gedacht, stattdessen porträtierten sie, verpackt in harten Gitarrenrock, präzise und emphatisch ihre Zeit. Zwar äußerte sich Mick Jagger in Interviews gelegentlich auch zu politischen Fragen, allzu konkrete Stellungnahmen aber mied er.

Enttäuscht und mit bedauerndem Sarkasmus formulierte damals der deutsche Publizist Uwe Nettelbeck: „Die Stones haben auch noch nicht die Platte herausgebracht, die Steine wirft.“ Jagger antwortete darauf 1974 mit einem der berühmtesten Stones-Songs: „It’s only Rock’n’Roll (But I Like It)“!

Zeitreise: Good Times, Bad Times

Seit sage und schreibe 60 Jahren sind sie dabei – und das immer an der Spitze. Hier die wichtigsten Stationen der langen, turbulenten Rock'n'Roll-Reise der Rolling Stones durch mehr als ein halbes Jahrhundert ...

1961 Im Oktober treffen sich Mick Jagger und Keith Richards zufällig auf dem Bahnsteig in Dartford und entdecken ihre gemeinsame Liebe zum Blues.

1962 Am 4. April besuchen Mick, Keith und Dick Taylor im Ealing Club ein Konzert von Alexis Korners Blues Incorporated. Dabei begegnen sie zum ersten Mal Brian Jones.

Am 12. Juli geben die Rollin' Stones – damals noch mit Apostroph – im Marquee Club ihr erstes Konzert.

Am 7. Dezember erscheint Bill Wyman zum Vorspielen und bekommt den Job als Bassist.

1963 Am 14. Januar sitzt im Flamingo Jazz Club in Soho erstmals Charlie Watts am Stones-Schlagzeug.

Im Mai wird Andrew Oldham Manager der Rolling Stones, und wenige Tage später erhält die Band einen Plattenvertrag bei Decca.

Am 7. Juni erscheint mit „Come On" die erste Single.

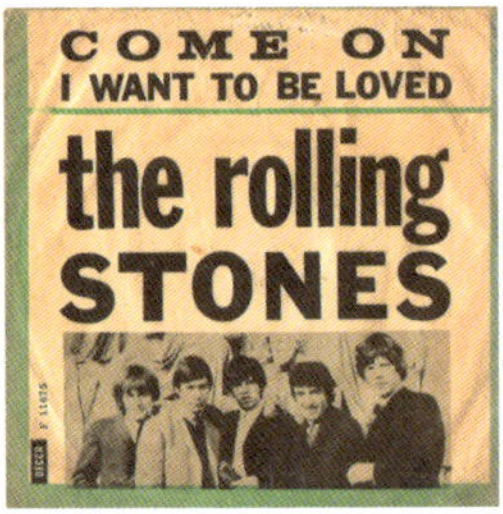

1964 Am 1. Januar haben die Stones einen Auftritt in der ersten Folge der neuen TV-Show „Top of the Pops".

Am 2. Mai erscheint das erste Album und klettert innerhalb von einer Woche in England auf Platz 1.

Am 1. Juni brechen die Stones zu ihrer ersten US-Tournee auf.

Am 10./11. Juni nimmt die Band in den Chess Studios in Chicago Songs auf, darunter ihren ersten Nr.-1-Hit „It's All Over Now".

Die Single „Little Red Rooster" schafft in UK den Sprung von 0 auf Platz 1 der Charts – es ist der erste Bluessong, dem das jemals gelingt.

Mit „The Last Time" schafft es der erste Jagger/Richards- 1965
Song am 18. März auf Platz 1 in England.

„(I Can't Get No) Satisfaction" wird am 10. Juli zur ersten Nr. 1 der Stones in den USA.

Die erste Deutschlandtour startet am 11. September in Münster.

Nach dem Konzert der Stones zerlegen Fans am 16. September die Berliner Waldbühne.

Das vierte Stones-Album, „Aftermath", erscheint in 1966
England und ist das erste, das ausschließlich Jagger/Richards-Songs enthält.

Nach einer Party findet die Polizei bei einer Razzia in Keith 1967
Richards' Anwesen Redlands diverse Drogen.

Am 10. Mai wird Brian Jones in London wegen Drogenbesitzes verhaftet.

Im Juni stehen Mick Jagger und Keith Richards infolge der Redlands-Razzia wegen Drogenbesitzes vor Gericht. Jagger

wird zu drei Monaten, Keith Richards zu einem Jahr Gefängnis verurteilt. Jagger und Richards legen Revision gegen die Urteile ein und werden vorerst freigelassen.
William Rees-Mogg, Chefredakteur der „Times", mahnt in einem Leitartikel die Gleichbehandlung von Popstars auch vor Gericht an. Die Urteile werden aufgehoben.

Am 20. September geben die Rolling Stones ihre Trennung von Manager Oldham bekannt.

Am 31. Oktober wird Brian Jones wegen Drogenbesitzes zu zwölf Monaten Gefängnis verurteilt. Kurz darauf wird das Urteil zur Bewährung ausgesetzt.

1968 Am 24. Mai erscheint „Jumping Jack Flash" in England.

In Marrakesch, Marokko, produziert Brian Jones ein Album mit den Master Musicians of Joujouka.

Im September starten die Dreharbeiten zu „Performance". Mick Jagger spielt in dem Film die Rolle des Rockstars Turner.

Im November wird Jean-Luc Godards Film „One plus One", der u. a. die Aufnahmearbeit der Stones für „Sympathy For The Devil" dokumentiert, in London uraufgeführt.

Das Album „Beggars Banquet" erscheint

Am 11./12. Dezember finden die Dreharbeiten zur TV-Show „The Rolling Stones Rock and Roll Circus" statt.

1969 Studiopremiere von Mick Taylor am 31. Mai

Im Juni fliegt Brian Jones aus der Band.
Am 2. Juli wird er tot aufgefunden.

Am 5. Juli geben die Stones im Londoner Hyde Park ein Free Concert vor 250.000 Menschen. Die Veranstaltung wird Brian Jones gewidmet.

Am 7. November startet die erste US-Tour seit 1966.

Ende November erscheint das Album „Let It Bleed“.

Free Concert im kalifornischen Altamont Speedway vor 300.000 Zuhörern am 6. Dezember. Dabei ersticht ein Hells Angel direkt vor der Bühne den Farbigen Meredith Hunter.

Die Band entscheidet, dass sie Großbritannien wegen ihrer 1970
Steuerprobleme zum Geschäftsjahr 1971 verlassen wird.

Im Juli kündigen die Rolling Stones die Zusammenarbeit mit Decca Records auf und trennen sich von Manager Allen Klein.

Am 6. Dezember feiert „Gimme Shelter“, der Kino-Dokumentarfilm über die letztjährige US-Tournee, in New York City Premiere.

Im März „Farewell Tour of Great Britain”. 1971

Im April erscheint die Single „Brown Sugar“ auf dem neuen Label Rolling Stones Records. Auf dem Cover ist erstmals das Zungenlogo zu sehen.

Am 23. April wird „Sticky Fingers“ veröffentlicht.

Im Mai gehen die Rolling Stones ins südfranzösische Exil.

Am 12. Mai heiratet Mick Jagger das nicaraguanische Model Bianca Perez Morena de Macias.

Im Juni beginnen die Rolling Stones in Keith Richards‘ Haus Nellcôte mit den Aufnahmen zu einem neuen Album.

1972 Im April wird die Single „Tumbling Dice" veröffentlicht. Im Mai erscheint mit „Exile On Main St." das erste Doppelalbum der Stones.

Keith Richards und Anita Pallenberg unterziehen sich in der Schweiz einer Drogentherapie, in deren Verlauf, so das hartnäckige Gerücht, Richards sein Blut austauschen lässt.

Im Dezember nehmen Mick Jagger und Ron Wood den neuen Song „It's Only Rock'n'Roll" auf. Mit dabei: David Bowie, Ian McLagan und Kenney Jones.

1974 Die Band gibt den Ausstieg von Mick Taylor bekannt.

1975 Auditions für einen neuen Gitarristen. Zu Gast sind u. a. Jeff Beck, Wayne Perkins und Rory Gallagher.

Am 14. April geben die Rolling Stones bekannt, dass Ron Wood sie als Gitarrist auf ihrer bevorstehenden US-Tournee im Sommer begleiten wird. Im Dezember wird er offiziell ein Rolling Stone.

1976 Die US-Organisation „Women against Violence against Women" ruft wegen der sexistischen Werbekampagne für das neue Album „Black And Blue" zum Boykott auf.

1977 Keith Richards und Anita Pallenberg werden am Toronto Airport gefilzt. Drei Tage später werden in Richards' Hotelsuite Cannabis, Kokain und Heroin gefunden. Es droht eine Klage wegen Drogenhandels, worauf in Kanada hohe Gefängnisstrafen stehen.

1978 In Toronto wird Keith Richards wegen Drogenbesitzes zu einem Jahr Gefängnis auf Bewährung verurteilt, außerdem muss er ein Benefizkonzert für die kanadische Blindenorganisation geben. Die Anklage wegen Drogenhandels wird fallengelassen.

Im September Start der „Tattoo You“-US-Tournee in 1981
Philadelphia, PA, der bislang größten der Band mit 50 Konzerten und zwei Millionen Zuschauern.

„Still Life”-Europatour. 1982

Die Rolling Stones schließen in New York einen neuen 1983
Plattenvertrag mit CBS Records, dazu unterzeichnet Mick Jagger einen Solovertrag.

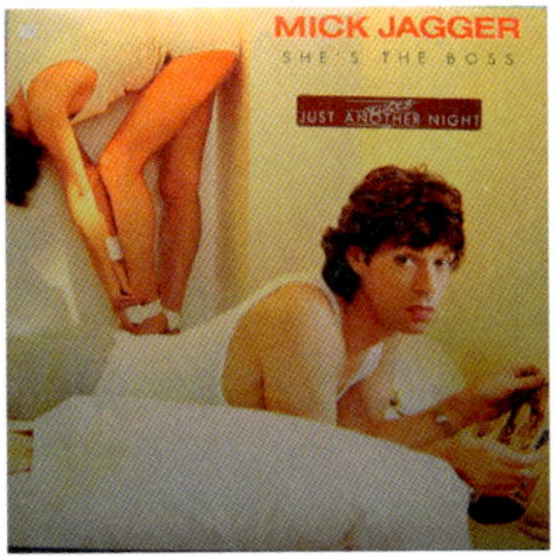

Am 25. Februar veröffent- 1985
licht Mick Jagger sein erstes Soloalbum.

Die Rolling Stones sagen eine Teilnahme am von Bob Geldof organisierten „Live Aid”-Konzert ab.

Am 12. Dezember stirbt Ian Stewart mit erst 47 Jahren an einem Herzinfarkt.

Keith Richards veröffentlicht sein erstes Soloalbum. 1988

Mick Jagger und Keith Richards treffen sich auf Barbados und 1989
beginnen Songs für ein neues Stones-Album zu schreiben.

Am 18. Januar werden die Rolling Stones in die Rock And Roll Hall Of Fame aufgenommen.

Mit „Mixed Emotions“ erscheint die erste Rolling-Stones-Single seit drei Jahren, zwei Wochen später folgt das Album „Steel Wheels“. Kurz darauf startet die „Steel Wheels“/ „Urban Jungle“-Welttournee in Philadelphia.

1991 Bill Wyman informiert die Band, dass er aussteigen wird. Offiziell verkündet er seinen Abschied erst zwei Jahre später.

1993 Der Ex-Miles-Davis-Musiker Darryl Jones bekommt den Job als neuer Bassist.

1995 Microsoft verwendet „Start Me Up" in der Werbung für das Betriebssystem „Windows 95" und VW bringt das Golf-Modell „Rolling Stones" auf den Markt.

1997 Die Single „Anybody Seen My Baby" wird veröffentlicht.

„Bridges To Babylon"-Welttournee

1998 Bei einem Sturz bricht sich Keith Richards drei Rippen, der Start der anstehenden Europatournee muss verschoben werden.

2002 Zum 40-jährigen Bandjubiläum gehen die Rolling Stones auf ihre „Licks World Tour".

2003 Für seine „Verdienste um die populäre Musik" wird Mick Jagger in London von Prince Charles zum Ritter geschlagen.

2006 Am 18. Februar geben die Rolling Stones am Strand von Copacabana in Rio de Janeiro vor 1,3 Millionen Menschen das größte Konzert ihrer Karriere.

Beim Urlaub auf den Fidschi-Inseln stürzt Keith Richards von einem Baumstamm. Der Vorfall wird als sogenannter „Palmensturz" bekannt.

Im Herbst filmt Martin Scorsese im New Yorker Beacon Theatre zwei Konzerte für seine Kinodokumentation „Shine a Light".

2010 Keith Richards veröffentlicht seine Autobiografie „Life".

In Londons O2 Arena startet die „50 & Counting"-Welttournee. 2012

Vor etwa 450.000 Zuschauern geben die Stones am 25. März 2016
als erste Rock-Superstars ein Konzert in Havanna, Kuba.

In der Londoner Saatchi Gallery eröffnet die „Exhibitionism"-Ausstellung über die Geschichte der Band, die in den folgenden Jahren weltweit gezeigt wird.

Mit „Blue & Lonesome" erscheint im Dezember ein neues, ausschließlich mit Blues-Coverversionen bestücktes Studioalbum, das erste seit elf Jahren.

„No Filter"-Europatournee 2017

Mick Jagger lässt sich in New York City erfolgreich an der 2019
Herzklappe operieren.

Auftritt mit „You Can't Always Get What You Want" beim 2020
weltweiten Corona-Pandemie-Konzert „One World: Together at Home".

Die zur Pandemie veröffentlichte Single „Living In A Ghost Town" schafft am 3. Juli Platz 1 in Deutschland.

Am 24. August stirbt Charlie Watts (80) in London. 2021

Im September starten die Rolling Stones ihre wegen der Corona-Pandemie verschobene „No Filter"-US-Tournee mit dem US-Schlagzeuger Steve Jordan.

Zum Abschluss ihrer „SIXTY"-Europatournee geben die 2022
Rolling Stones am 3. August in der Berliner Waldbühne ihr bislang letztes Konzert.

Der Reißverschluss

Das von Andy Warhol entworfene „Sticky Fingers"-Cover zeigte die Beckenregion eines männlichen Jeansträgers – und war mit einem echten Reißverschluss ausgestattet. Seit damals rätseln nicht nur Stones-Fans, wer für das vielleicht berühmteste aller Plattencover Modell stand. Einer jedenfalls war's nicht …

Bereits im Frühling 1969 hatte Mick Jagger dem New Yorker Pop-Art-Künstler Andy Warhol den Auftrag erteilt, ein Cover „for our new hits album" zu entwerfen. In dem vom 21. April datierten Schreiben hatte der Stones-Sänger Warhol auch einen Mr. Al Steckler angekündigt, der sich vor Ort um alles Weitere kümmern würde: „Wahrscheinlich wird er nervös sein und auf Eile drängen, aber kümmere dich nicht darum."

So nahmen die Dinge erst zwei Jahre später, im Spätwinter 1971, Gestalt an. Letztlich dienten als Grundlage für Warhols Entwurf zwei Polaroids, eins mit der frontal fotografierten Genitalregion eines Jeansträgers, das andere mit derselben Ansicht, allerdings ohne Jeans und mit Slip. Der Clou: Das Jeansfoto sollte mit einem echten Reißverschluss ausgestattet sein, der sich öffnen ließ und dann den Blick auf das zweite Foto freigab. Wer dafür Modell stand, ist bis heute umstritten. Mick Jagger war es nicht. Stattdessen hatte Warhol Polaroids u. a. von seinem damaligen Geliebten Jed Johnson, einem Bekannten namens Corey Tippin, „Interview"-Chef Glenn O'Brien, Schauspieler Joe Dallesandro und dessen Bruder Bobby sowie dem in Lou Reeds „Walk On The Wild Side" erwähnten Transvestiten Jackie Curtis angefertigt.

Die Stones zahlten Warhol ein Honorar von 15.000 englischen Pfund – nicht zu viel für ein Plattencover, das zur Legende wurde. Für das endgültige Artwork des Albums zeichnete indes nicht Warhol, sondern der Grafiker Craig Braun verantwortlich.

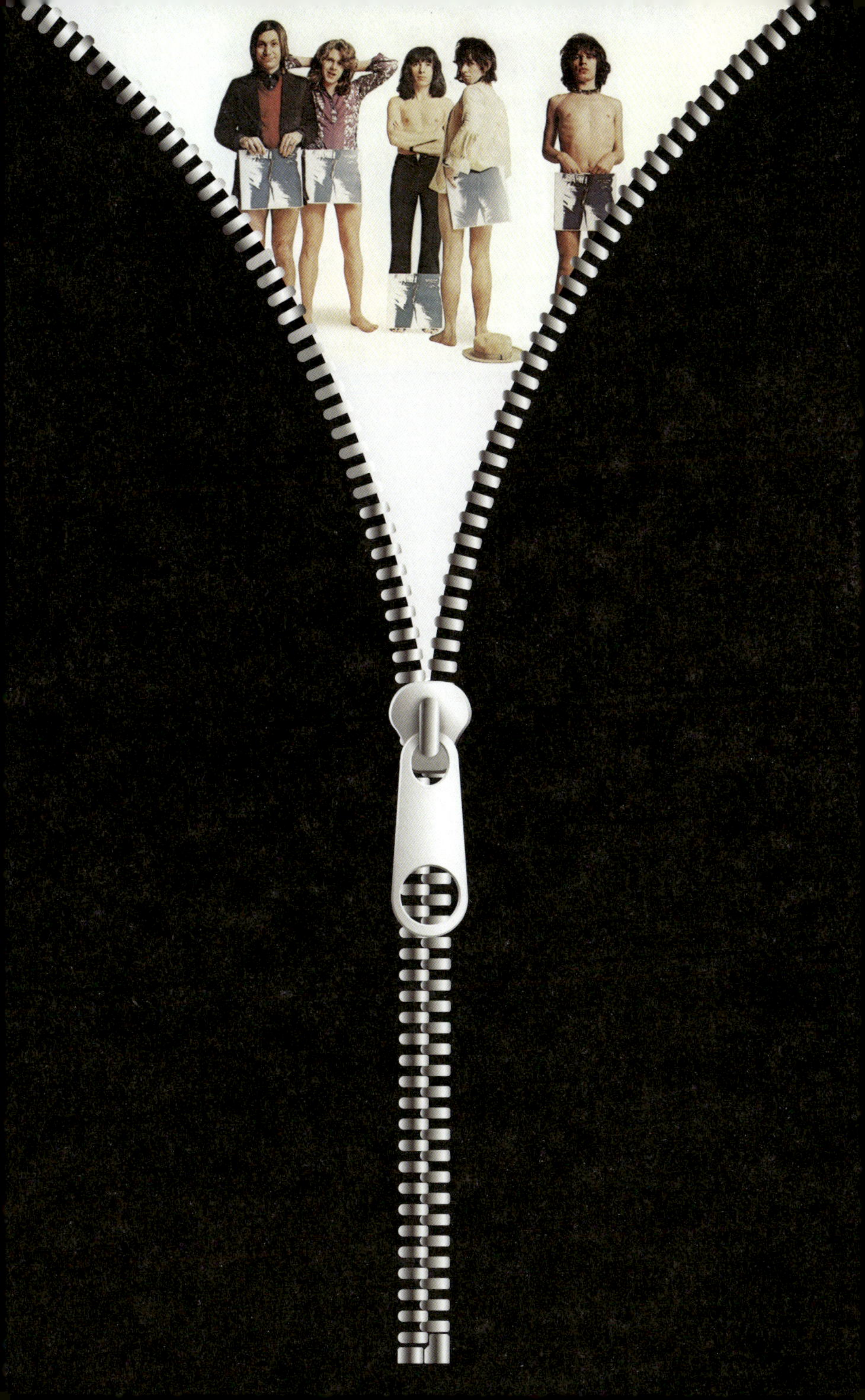

Premium-Marke

Bis heute glauben viele, dass auch die Stones-Zunge von Andy Warhol entworfen wurde. Weit gefehlt: Das wohl berühmteste Logo des Pop dachte sich ein damals völlig unbekannter Design-Student aus. Die Idee dazu allerdings hatte viele Väter – nicht zuletzt eine indische Gottheit. Und die Beatles hatten auch damit zu tun ...

Als die Rolling Stones 1970 ihr eigenes Plattenlabel gründen wollten, musste natürlich ein Logo her. Im Oktober besuchte Marshall Chess, der designierte Chef von Rolling Stones Records, die Band wegen einer Besprechung in Amsterdam, wo sie im Rahmen einer Europatournee gastierte. Auf dem Weg dorthin fiel ihm an einer Tankstelle das Muschellogo von Shell auf: „Es war wundervoll einfach gehalten. Später erwähnte ich das gegenüber der Band und schlug ein ähnliches Design vor, das absolut wiedererkennbar war, ohne den Namen der Band zu nennen."

Zurück in London, entdeckte Mick Jagger daheim auf einem Kalender eine Abbildung der indischen Gottheit Kali, die auf der Zeichnung ihre rote Zunge herausstreckte. Das Subversive daran gefiel ihm, so ungefähr stellte er sich das Logo vor. Also ließ er beim Royal College of Arts einen Entwurf ausschreiben. Der 24-jährige Student John Pasche machte das Rennen. Für seinen später berühmten Entwurf erhielt er zunächst 50 Pfund, später legten die Stones wegen des großen Erfolgs noch einmal 200 Pfund obendrauf.

Interessant: Craig Braun, der das Artwork von „Sticky Fingers" designte, auf dem die Zunge erstmals zu sehen war, wies später einmal auf die in der Tat frappierende Ähnlichkeit der Stones-Zunge mit einem Gemälde hin, das der britische Künstler Alan Aldridge für das 1969 erschienene Buch „The Beatles Illustrated Lyrics" und den Song „Day Tripper" angefertigt hatte.

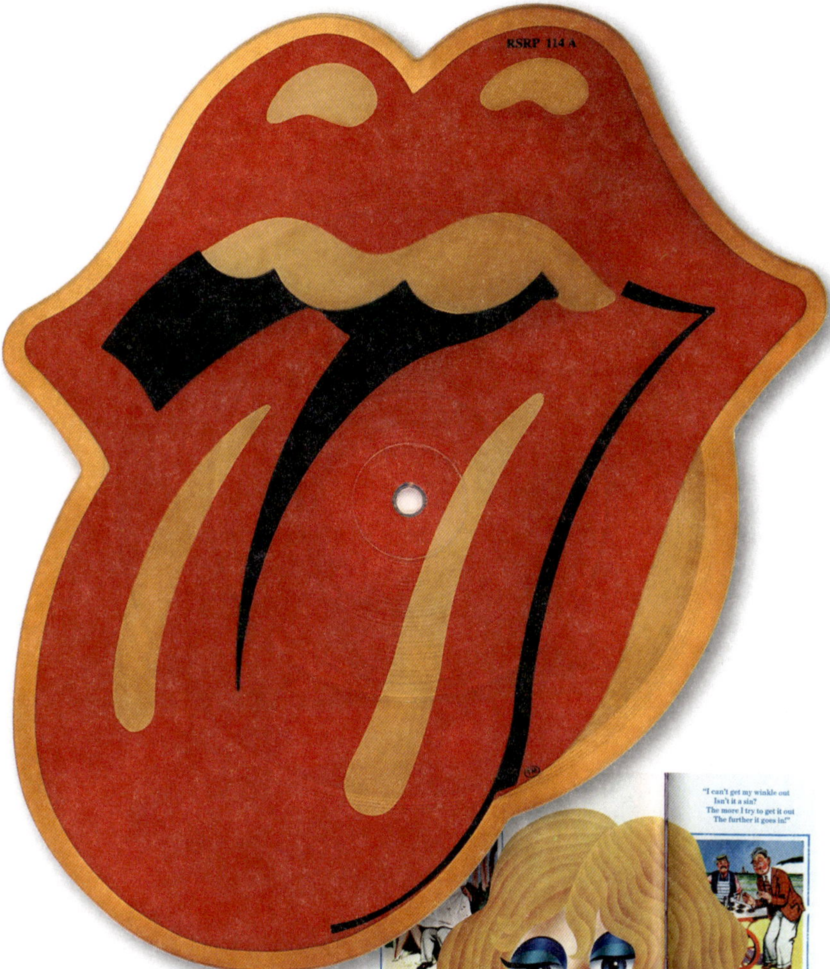

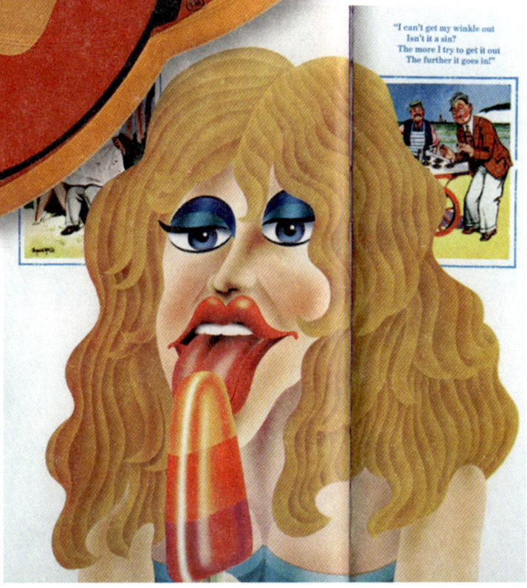

Alan Aldridges „Day Tripper"-
Illustration für die Beatles

Abgebrannt

„Satisfaction", „Honky Tonk Women", „Paint It Black" – in den Sixties landeten die Stones einen Monsterhit nach dem anderen. Reich aber wurden sie nicht. Im Gegenteil: 1970 waren sie pleite. Dank eines blaublütigen Gentleman aus der Londoner Finanzwelt aber blieb ihnen das Armenhaus erspart …

Prinz Rupert zu Loewenstein hieß der Herr. Kennengelernt hatte ihn Mick Jagger auf einer der zahlreichen Partys in der Themsestadt. Der Popstar klagte dem Banker sein Leid: 1967 hatte der berüchtigte Geschäftsmann Allen Klein das Stones-Management von Andrew Oldham übernommen, und flugs hatte der Mann, der von sich selbst einmal sagte, er könne denken wie ein Dieb, die Stones-Einnahmen auf ein eigenes US-Konto umgeleitet. Allerdings „vergaß" er dabei, die Gelder ordnungsgemäß bei den englischen Finanzbehörden zu versteuern. Die Folge: Für jedes Bandmitglied waren bis 1970 erhebliche Steuerschulden aufgelaufen. Allein im Fall von Bassist Bill Wyman, der keine Songs schrieb und damit zu den „Geringverdienern" der Band gehörte, waren das 120.000 Pfund (heute ca. 1,5 Mio. Euro). Überdies hatte Oldham Klein auch noch die Rechte an der Musik der Band verhökert, so dass Kleins Verlag AKBCO nun sämtliche Stones-Aufnahmen aus der Decca-Zeit gehörten.

Loewenstein (1933–2014) schlug die Hände über dem adligen Haupt zusammen und machte sich dann umgehend an die Arbeit. Als Sofortmaßnahme empfahl er den strategischen Rückzug: Zum Beginn des neuen englischen Steuerjahres am 1. April 1971 gingen sämtliche Rolling Stones ins südfranzösische Exil. Nur so konnten sie ein weiteres Ansteigen der Steuerschuld vermeiden. Der damalige Steuersatz für höhere Einkommen lag in England schließlich bei mehr als 90 (!) Prozent. Bis 2007 blieb der erklärte Beatles-Fan Prinz Rupert Finanzchef der Stones.

AHA!

Exil

Nicht ganz freiwillig verließen die Rolling Stones im April 1971 ihre englische Heimat und verabschiedeten sich ins südfranzösische Steuerexil. Es war der Beginn eines Abenteuers, das einen der schillerndsten Mythen der Rockgeschichte begründet.

Plötzlich saßen sie in der französischen Fremde: Bill Wyman und Mick Taylor in Grasse, Charlie Watts in der Gegend von Arles und Mick Jagger in einem Hotel in Saint-Tropez. Keith Richards hatte ein Haus in Villefranche-sur-Mer gemietet: Nellcôte, eine pompöse, direkt am Meer gelegene Jugendstilvilla.

Dort sollte mithilfe des bandeigenen Recording Mobiles nun ein neues Album entstehen. Die Plattenaufnahmen fanden nachts im feuchten Kellergewölbe statt, wo das Kondenswasser von den Wänden tropfte. Der Strom wurde von einer Versorgungsleitung der Eisenbahn abgezapft, die Instrumente verstimmten sich andauernd, eine Sichtverbindung zum Kontrollraum des Recording Trucks existierte nicht und kaum je waren sämtliche Stones gleichzeitig vor Ort. Ganz abgesehen von den rund um die Uhr stattfindenden Gelagen und Drogenorgien mit Freunden, Groupies und Dealern. Der Sommer von Nellcôte ging jedenfalls in die Geschichte ein als die Mutter aller Sex & Drugs & Rock'n'Roll-Klischees. Ein Wunder, dass dabei mit „Exile On Main St." dennoch eines der besten Stones-Alben überhaupt entstand. Seinen Feinschliff erhielt es im folgenden Winter in Los Angeles – die Stones waren da längst schon wieder aus Südfrankreich verschwunden.

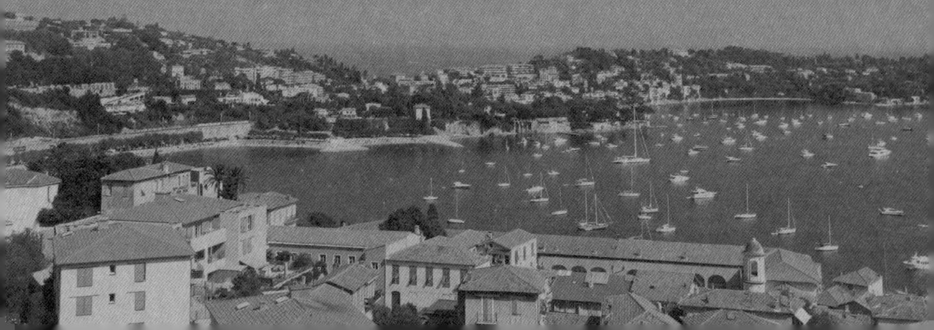

Three-Ball-Charlie

Vielleicht war das Artwork von „Exile On Main St.“ nicht so spektakulär wie der Reißverschluss von „Sticky Fingers“. Aber auch dieses Album wurde von einem Künstler verpackt, der zu den Meistern seines Fachs gehörte: Robert Frank gab „Exile“ eine unverwechselbare Note – düster und verstörend wie die Musik.

Der Anblick war einigermaßen verwirrend: unscharfe Schwarzweißfotos mit Gauklern, Kindern, Indianern, Varieté-Tänzerinnen und einem Schwarzen mit drei Bällen im Mund – Freaks und Zombies. Wenn man das Doppelalbum „Exile On Main St.“ dann aufklappte, gab es weitere Schnappschüsse, darunter ein grinsender Jagger und ein Kinoschaukasten mit einer entsetzten Joan Crawford. Was das verstörende Artwork allerdings mit der Musik und den Stones zu tun haben sollte, blieb erst einmal unklar.

Tatsächlich zeigte das Coverbild die mit Fotos gespickte Wand eines amerikanischen Tätowier-Studios, die der Fotograf Robert Frank (1924–2019) im Jahr 1955 für seinen später berühmten Bildband „The Americans" abgelichtet hatte. Mick Jagger mochte Franks ungeschönten Fotorealismus, und so bat er den gebürtigen Schweizer im Winter 1972, ein grafisches Konzept für „Exile“ auszuarbeiten, das die Zerrissenheit und Düsternis der Musik reflektierte.

Der Schwarze mit den drei Bällen im Mund – Tennis-, Golfball und Billardkugel – soll ein auch unter dem Namen „Congo“ bekannter Mann aus Humboldt, Nebraska, gewesen sein, der in den 1930er-Jahren mit diesem Kunststück im Zirkus auftrat. Durch die Abbildung auf „Exile On Main St.“ und auf dem bald überall zu sehenden Promo-Poster zur US-Tournee 1972 wurde Three-Ball-Charlie posthum zum Kultstar. Robert Frank galt da längst auch als Pionier des Independent-Films, was in seiner Beziehung zu den Rolling Stones bald eine wichtige Rolle spielen sollte …

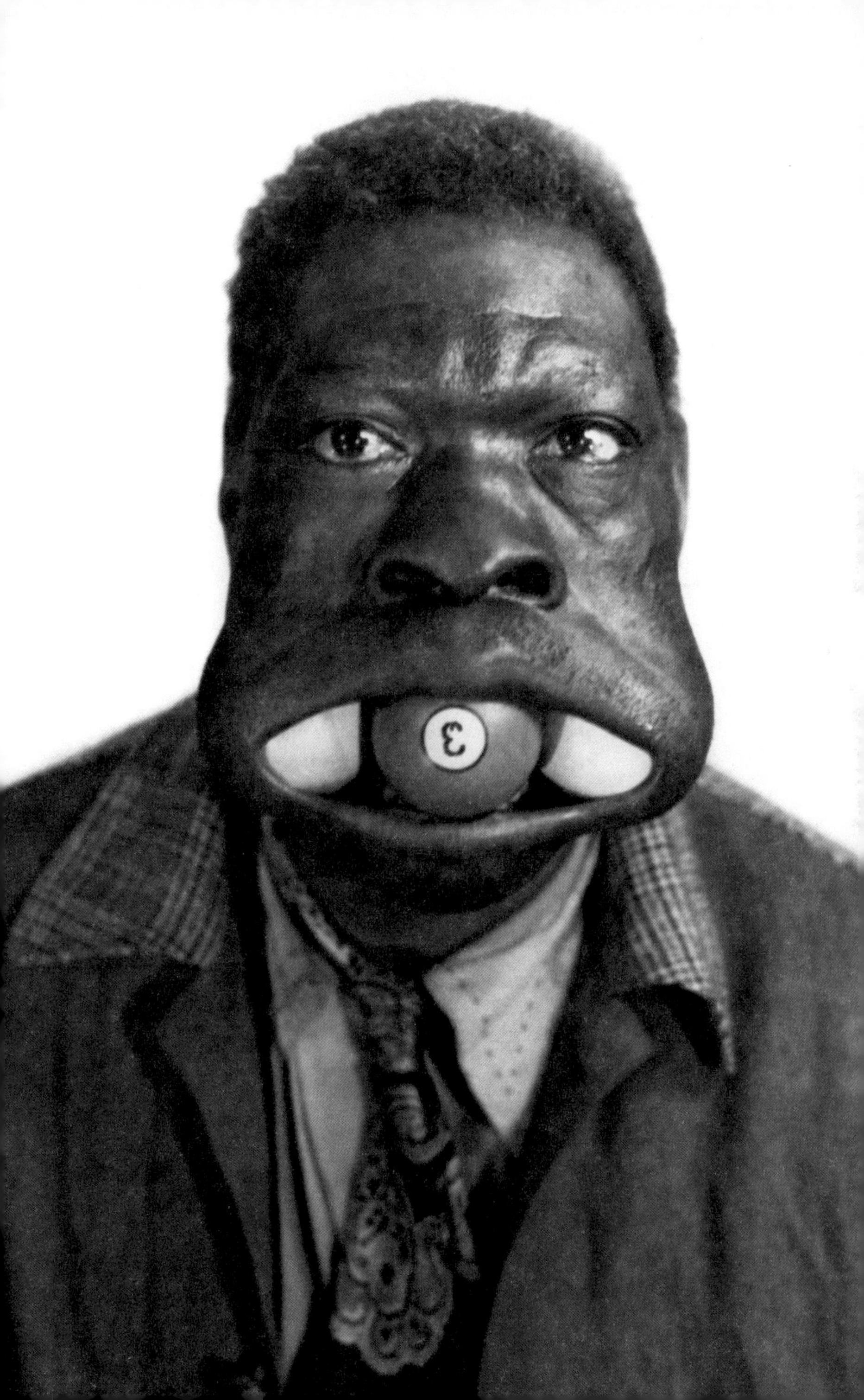

AHA!

Der verbotene Film

Als die Stones im Sommer 1972 zu ihrer US-Tournee aufbrachen, baten sie den Fotografen und Filmer Robert Frank, das Spektakel auf Celluloid zu bannen. Das Ergebnis war Mick Jagger allerdings zu krass – er verbannte den Streifen mit dem vielsagenden Titel „Cocksucker Blues" in den Giftschrank. Bis heute.

Robert Frank hatte bereits das grafische Konzept für „Exile On Main St." entwickelt. Da lag es nahe, ihm auch die filmische Dokumentation der anstehenden US-Tournee anzuvertrauen, zumal er seine raue „Snapshot Aesthetic" seit Jahren neben der Fotografie auch in einer Reihe lakonischer „Cinéma vérité"-Filme zelebrierte. Frank erhielt also on the road uneingeschränkten Zugang zur Band und machte davon konsequenten Gebrauch. Als „Cocksucker Blues" fertig war, zeigte er dann auch das, was vor allem hinter den Kulissen einer Stones-Tournee in den 1970er-Jahren für gewöhnlich zu sehen war: ausschweifende Orgien mit nackten Groupies, erschöpfte und gelangweilte Musiker, einen Kokain schnupfenden Mick Jagger, ein Groupie, das sich Heroin spritzt,

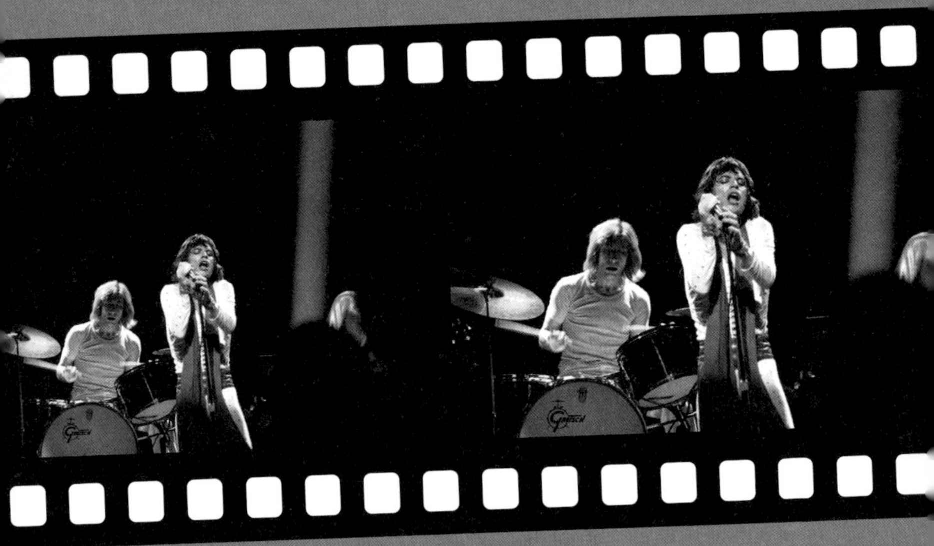

diverse Promigäste und die immer gleiche Tristesse von Hotelzimmern und Bühnengarderoben. Dazu die glamouröse Inszenierung der Band auf der Bühne und ihr enthusiastisches Publikum.

Für Mick Jagger war das alles ein bisschen zu viel Realismus. Letztlich war ihm der Film peinlich, weshalb er ihn unter Verschluss hielt. Seither durfte der sagenumwobene Streifen nur in Anwesenheit des Regisseurs gezeigt werden. Zu sehen ist er bis heute lediglich auf Bootlegs und gelegentlich mal als geleaktes Online-Angebot in einschlägigen Portalen. Einige Szenen sind inzwischen in diversen Stones-Dokus aufgetaucht, nicht zuletzt in den offiziellen Bandbiografie „Crossfire Hurricane" (2012).

1970 hatten die Stones Decca für eine vertraglich ausstehende Single einen Song namens „Schoolboy Blues" geliefert. Das Stück strotzt vor obszönen Anspielungen, wurde nie veröffentlicht und kursiert unter Fans als Bootleg „Cocksucker Blues".

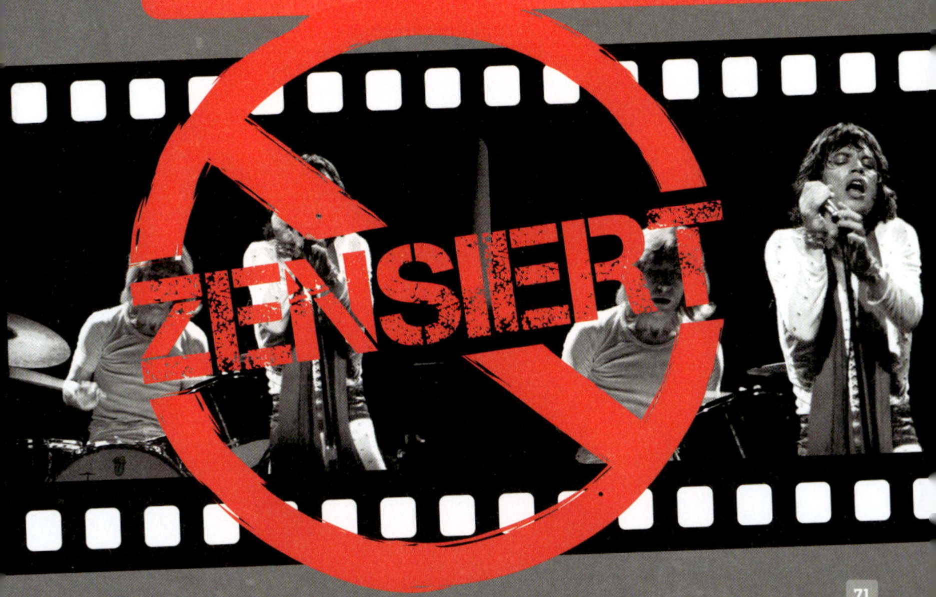

Wer ist Angie?

Zur Abwechslung war es eine Ballade, mit der die Stones im Herbst 1973 einen der größten Hits ihrer Laufbahn landeten: „Angie“ schaffte es in mehreren Ländern auf Platz eins. Wer allerdings mit dem Song gemeint war, darüber kursierten im Lauf der Jahre abenteuerliche Vermutungen.

Mick Jagger schmachtete, und die Streicher schluchzten. So viel Schnulze war kaum je gewesen bei den Rolling Stones.

Wer aber war Angie? Viele glaubten, dass es sich da wohl um die Frau von David Bowie handeln müsse. Schließlich hatte der erst kurz zuvor verlauten lassen, dass er bisexuell sei, galt Angie Bowie als eine der schillerndsten Musen der Rockszene und schminkte sich Jagger ohnehin gern so feminin wie seine Frau Bianca. Warum also nicht Mick und Angie?

Alles Blödsinn – die Erklärung war banal: Keith Richards hatte den Namen als Arbeitstext benutzt („Angie passte, Maureen hätte ich nicht singen können“), als er die Melodie und die Harmonien ausarbeitete. Möglicherweise sei dafür auch seine im April 1972 geborene Tochter Angela verantwortlich gewesen:

„Der Name war im Haus oft zu hören …“ Später schrieb Mick Jagger für den halbfertigen Song einen Text, der sich auf seine gescheiterte Liebe zu Marianne Faithfull beziehen soll, was der Sänger selbst allerdings nie bestätigte.

Und mit der späteren Bundeskanzlerin Angela „Angie“ Merkel hatte das Ganze schon gleich gar nichts zu tun – die machte zu dieser Zeit im ostdeutschen Templin ihr Abitur.

Von wegen Mick und Angie: David Bowie mit Gattin

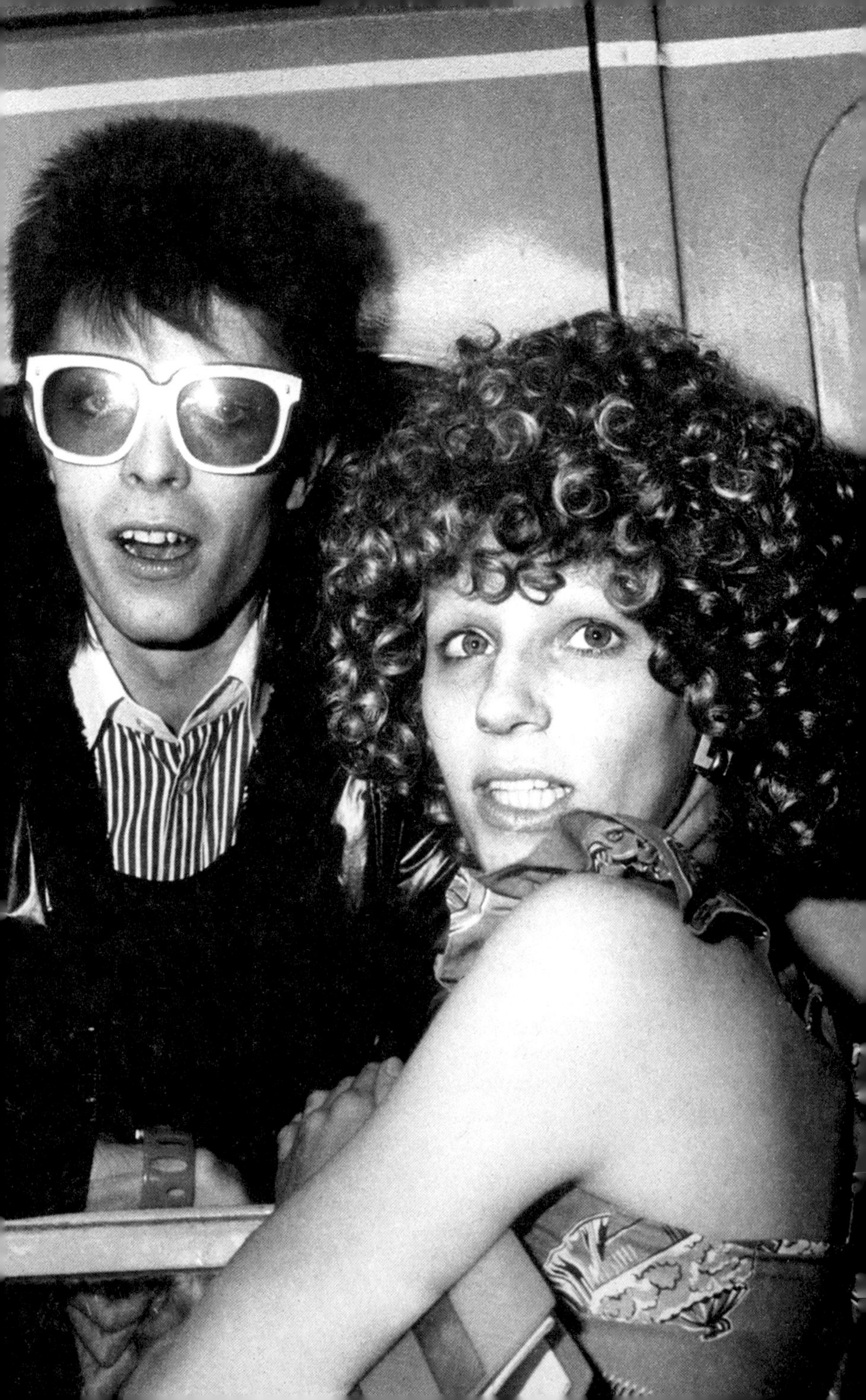

EXIT

MICK TAYLOR

Der eine geht …

Es war ein Paukenschlag für die internationale Rockszene, und selbst die Stones waren überrascht: Aus scheinbar heiterem Himmel erklärte Mick Taylor im Dezember 1974 seinen Abschied von der Band. Über die Motive wurde lange und heftig spekuliert – bis Taylor selbst Klarheit schuf.

Jahrelang hatte er mit seinem einfühlsamen Spiel die Stones-Songs veredelt, und nun ging er praktisch von einem Tag auf den anderen. Dabei hatte Mick Taylor auf dem gerade erst erschienenen Album „It's Only Rock'n'Roll“ und der Ballade „Time Waits For No One“ eines seiner schönsten Soli gespielt. Kurz nach der Veröffentlichung aber hatte er ein Bandmeeting im Oktober 1974 in Genf bereits am ersten Tag wutschnaubend verlassen. Und wenig später teilte er Mick Jagger auf einer Party des RSO-Labelchefs Robert Stigwood, bei der auch Ron Wood und Eric Clapton anwesend waren, mit, dass er die Stones verlassen werde.

Offiziell wurde Taylors Abschied am 12. Dezember 1974 verkündet. Über die Gründe wurde weithin spekuliert. Taylor selbst ließ in Interviews durchblicken, dass er sich bei den Stones kreativ untergebuttert und zu wenig gefordert fühlte. Und er erklärte, dass er eine Solokarriere anstrebe. Mehr als ein Album, „Mick Taylor“ (1979), kam dann aber erst einmal nicht dabei heraus. Später verriet er, dass er Mitte der 1970er-Jahre ein ernsthaftes Heroinproblem gehabt habe und sein Ausstieg bei den Stones auch der Versuch war, seine privaten Probleme in den Griff zu bekommen. Und: „Wenn ich etwas älter gewesen wäre, hätte ich die Band nicht verlassen. Nicht dass ich es bereue, aber ich war nicht von Anfang an dabei gewesen und hatte das dringende Bedürfnis, etwas anderes zu machen.“

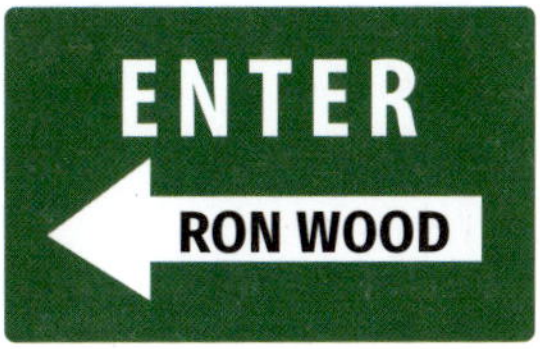

... der andere kommt

Im Winter 1975 sondierten die Rolling Stones das internationale Gitarristen-Angebot, um Ersatz für Mick Taylor zu finden. Zum Vorspielen erschienen auch einige der prominentesten Namen der Szene. Am Ende aber erhielt mit Ron Wood ein alter Kumpel aus London den Zuschlag.

Am 4. Dezember 1974 hatte Mick Taylor auf einer Party von Robert Stigwood Stones-Boss Mick Jagger seinen Ausstieg mitgeteilt. Und Jagger hatte daraufhin gleich den anwesenden Ronnie Wood gefragt, ob der bei den Stones anheuern wollte. Wood aber hatte abgelehnt, da er noch mit Rod Stewart bei den Faces spielte. Die Stones nutzten daraufhin ihre in den folgenden Wochen anstehenden Plattenaufnahmen, um neue Gitarristen zu testen. Alsbald geisterten jede Menge prominente Namen durch die Presse, darunter die von Eric Clapton, Jeff Beck, Rory Gallagher, Shuggie Otis und Mick Ronson. Tatsächlich aber waren bei Sessions in München und Rotterdam der Ex-Canned-Heat-Mann Harvey Mandel und der amerikanische Studiogitarrist Wayne Perkins in die engere Auswahl gekommen. Vor allem Perkins kam gut mit der Band zurecht und ließ sein an Taylor erinnerndes, perlendes Solospiel auf neuen Tracks wie „Memory Motel" und „Fool To Cry" hören.

Letztlich aber erhielt Ronnie Wood den Zuschlag. Er war ein alter Freund der Firma: Keith Richards hatte zeitweise in dessen Gästehaus im Londoner Stadtteil Richmond gewohnt, wo auch das Demo zum Stones-Hit „It's Only Rock'n'Roll" entstanden war. Zunächst liehen sich die Stones Wood zwar nur für ihre im Sommer 1975 anstehende US-Tournee aus. Als dann aber Rod Stewart im Dezember 1975 das Ende der Faces verkündete, wurde Ron Wood „der Neue" bei den Rolling Stones – der er bis heute blieb.

Some more Girls

Auch in den 1970er- und 1980er-Jahren standen die Herzdamen der Rolling Stones unter öffentlicher Beobachtung. Die fettesten Schlagzeilen produzierte dabei natürlich Frontmann Mick Jagger. Für die skandalösesten jedoch sorgte ausnahmsweise der sonst eher unauffällige Bill Wyman.

Spätestens als die US-Sängerin Marsha Hunt Mick Jagger 1970 mit Tochter Karis sein erstes Kind schenkte, hatte die Boulevardpresse den Stones-Sänger für sich entdeckt. Kein Wunder also, dass seine Hochzeit mit dem nicaraguanischen Model Bianca Pérez-Mora Macias 1971 zum glamourösen Jetset-Ereignis wurde. Als die Ehe 1979 geschieden wurde, war Jagger längst mit dem texanischen Model Jerry Hall liiert, das er zuvor dem Roxy-Music-Kollegen Bryan Ferry ausgespannt hatte.

Gitarrist Keith Richards dagegen hatte die 1970er zwar noch mit Anita Pallenberg verbracht, zum Ende des Jahrzehnts aber war diese Beziehung zerbrochen. Am 18. Dezember 1983, seinem 40. Geburtstag, heiratete Richards das Model Patti Hansen. Die Ehe hält bis heute. Drummer Charlie Watts führte seine Shirley bereits 1964 zum Traualtar und blieb bis zu seinem Tod ihr Ehemann. Ron Wood indes war bis 1978 mit Krissy Findlay verheiratet. 1985 ehelichte er Josephine „Jo“ Wood. Scheidungsgrund war 2008 das 41 Jahre jüngere russische Model Ekaterina Ivanova. Seit 2012 ist Wood in dritter Ehe mit der Theaterproduzentin Sally Humphreys verheiratet.

Deutlich turbulenter ging es im Liebesleben von Bill Wyman zu. Nachdem er sich 1967 von seiner ersten Ehefrau Diane getrennt hatte, blieb er für die nächsten 16 Jahre zwar mit der Schwedin Astrid Lundström liiert. In den 1980er-Jahren geriet er aber durch seine Affäre mit der minderjährigen Mandy Smith in die Schlagzeilen. Heimlich soll er sie bereits gedatet haben, als sie 13 Jahre alt war. 1989, Mandy war inzwischen 18, wurde geheiratet. Zwei Jahre später war auch diese Ehe Geschichte. Bizarrer Nebeneffekt der Verbindung: Wymans Sohn Stephen Paul (*1962) bandelte mit Mandys Mutter Patsy an, die er 1993 auch heiratete – damit war Stephen zum Schwiegervater seines Erzeugers und der wiederum zum Stief-Opa seiner Ex-Gattin Mandy geworden …

Inzwischen ist Schwerenöter Wyman Sr., der in seiner Autobiografie behauptete, „mehr als 1000 Frauen gehabt" zu haben, zur Ruhe gekommen: 1993 heiratete er Suzanne Accosta. Die Ehe hält bis heute.

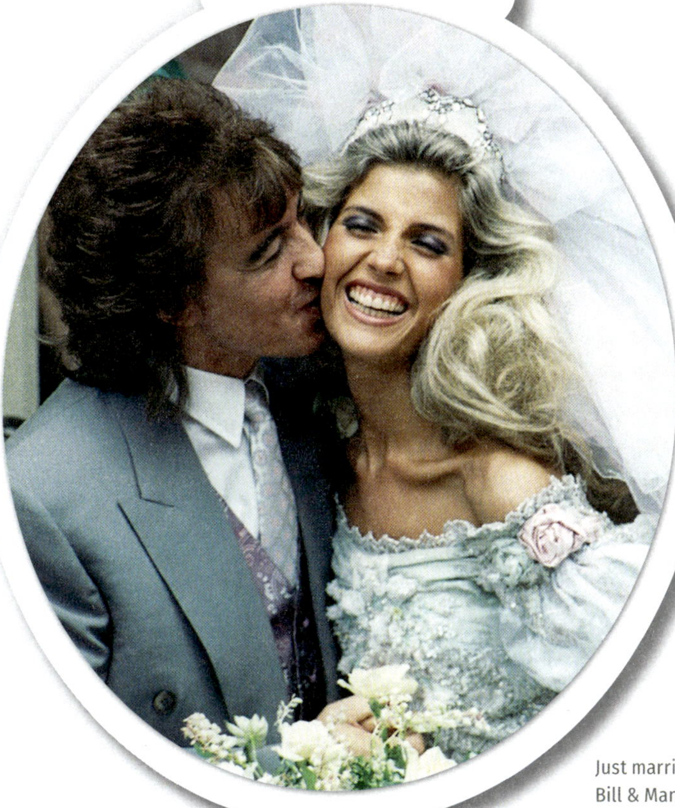

Just married: Bill & Mandy

Der brave Charlie

Er war immer der stille Stone im Hintergrund: Charlie Watts galt als stoisch, cool und bodenständig. Dass ausgerechnet er einmal in eine bedrohliche Lebenskrise schlittern würde, hätte kein Beobachter für möglich gehalten.

Lange Zeit wusste außerhalb der Stones-Entourage niemand davon: Mitte der 1980er-Jahre lief Drummer Charlie Watts aus dem Ruder, entwickelte eine ernsthafte Alkohol- und Heroinabhängigkeit und drohte zum Sorgenkind der in dieser Hinsicht leidgeprüften Gruppe zu werden. „Es war meine Art, mit familiären Problemen klarzukommen. Im Rückblick war es wohl eine Midlife-Crisis. Alles was ich weiß ist, dass ich Amphetamine und Heroin genommen habe und 1983 ein total anderer Mensch wurde. Erst 1986 kam ich da wieder raus."

So beschrieb Watts seine damalige Auszeit im Rückblick selbst. In diese Zeit fällt auch eine Anekdote, aus der er allerdings als Held hervorging: Bei einem Bandmeeting im Hilton Amsterdam im November 1984 rief der angetrunkene Mick Jagger morgens früh um fünf Uhr in der Suite von Charlie Watts an und verlangte nach „meinem Drummer". Der stand auf, rasierte sich, zog einen seiner maßgeschneiderten Zweireiher an, ging in die Jagger-Suite und verpasste dem Sänger einen rechten Haken, so dass der quer durch den Raum flog und rücklings auf einem Büffettisch landete. Dazu gab er Jagger den Rat: „Nenn mich nie mehr deinen Drummer!" Anschließend begab sich Watts seelenruhig zurück in sein Bett.

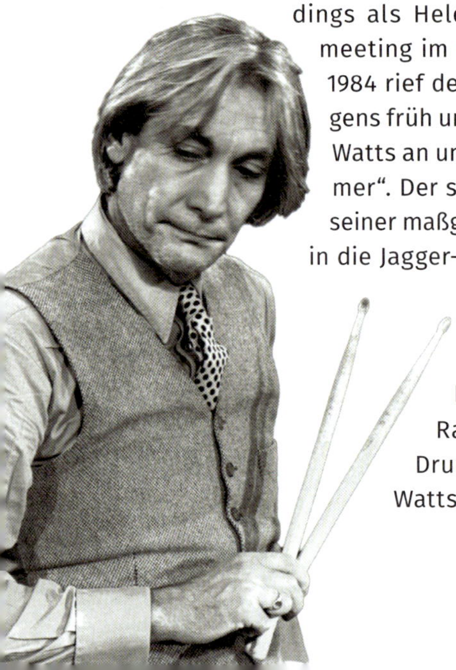

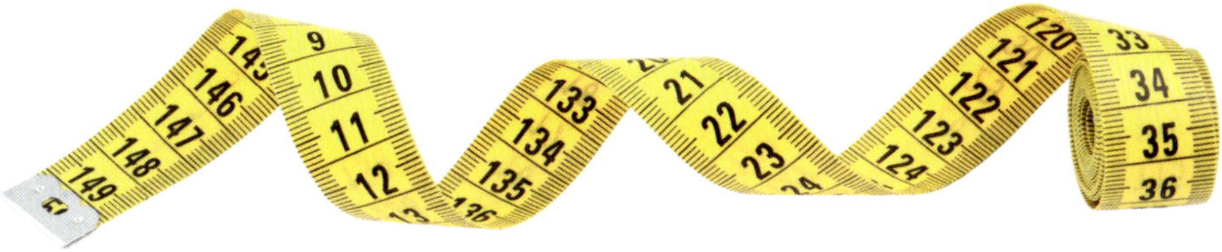

Schwanzvergleich

Mindestens so legendär wie ihre Hits sind die Streitereien zwischen den beiden Ober-Stones: Mick Jagger und Keith Richards gewährten der staunenden Öffentlichkeit über die Jahre jede Menge Einblicke in ihre schwierige Beziehung – auch unterhalb der Gürtellinie.

Der Anlass war offenbar nicht der größte – dennoch oder gerade deshalb machte er Schlagzeilen. Als Keith Richards 2010 seine Autobiografie „Life" veröffentlichte, fand sich darin auf Seite 341 auch eine wenig höfliche Bemerkung über seinen Busenfreund Mick Jagger respektive über dessen bestes Stück: „Jedenfalls hatte sie mit dem winzigen Pimmel keinen Spaß." Mit „sie" war in diesem Fall Richards' damalige Lebensgefährtin Anita Pallenberg gemeint (und nicht, wie die Presse nach Erscheinen des Buchs vermeldete, Marianne Faithfull). Während der Dreharbeiten zum Kinofilm „Performance" soll Pallenberg im Herbst 1968 eine Affäre mit Mick Jagger gehabt haben. Sie selbst hat sich allerdings nie öffentlich zu diesem angeblichen Seitensprung geäußert. Auch nicht zur physischen Ausrüstung des Stones-Chefs – das aber tat Marianne Faithfull, mit der Jagger von 1966 bis 1969 liiert war. Vornehm kommentierte die Sängerin Richards' Behauptung, als sie 2011 auf eine entsprechende Interviewfrage vieldeutig entgegnete: „Er ist nicht klein. Nur fast." Wobei man wissen muss, dass Faithfull in ihrer Autobiografie berichtet, den „besten Sex ihres Lebens" nicht mit Jagger, sondern mit Richards gehabt zu haben.

Jerry Hall, die den Stones-Sänger immerhin 23 Jahre lang aus der Nähe begutachten konnte und ihm während dieser Zeit vier Kinder gebar, meinte dazu übrigens: „Mick ist sehr gut ausgestattet. Ich sollte das wissen." Und im Nachsatz: „Keith ist nur eifersüchtig." Noch Fragen?

Vor dem Kadi

Schon als die Rolling Stones ihre ersten Hits landeten, waren sie der Obrigkeit ein Dorn im Auge. Bereits 1965 fanden sich die Jungstars wegen einer Lappalie erstmals im Gerichtssaal wieder. Seitdem standen sie immer wieder vor dem Richter, vor allem wegen Drogenvergehen. Hier die Fakten zu den berühmtesten Prozessen.

Die Pinkel-Posse

18. März 1965: Auf dem Rückweg von einem Konzert in Romford, Essex, urinieren Wyman, Jagger und Jones in Ost-London an eine Garagenwand. Zwei Tage später meldet „Daily Express", dass die drei Stones angezeigt wurden.

22. Juli 1965: In der Verhandlung vor dem Schiedsgericht in East Ham, London, werden die drei wegen „beleidigenden Verhaltens" zu je fünf Pfund Strafe und Zahlung der Gerichtskosten verdonnert.

Der Anfang von Brians Ende

10. Mai 1967: Morgens um vier Uhr durchsucht Scotland Yard Jones' Wohnung in der Londoner Courtfield Road; gefunden werden Haschisch, Crystal und Kokain.

2. Juni 1967: Brian Jones und der ebenfalls anwesende Prince Stanislas Klossowski de Rola werden formal des Drogenbesitzes angeklagt.

30. Oktober 1967: Klossowski de Rola wird freigesprochen, Jones zu einem Jahr Gefängnis verurteilt.

12. Dezember 1967: Jones' Strafe wird zur Bewährung ausgesetzt.

Die Redlands-Busts

12. Februar 1967: Nach einem Pressehinweis veranstaltet die Polizei in Keith Richards' Landhaus Redlands eine Drogenrazzia. Anwesend sind u. a. Mick Jagger, Keith Richards, Marianne Faithfull und der Galerist Robert Fraser. George und Patti Harrison haben die kleine Party kurz zuvor verlassen. Gefunden werden verschreibungspflichtige Benzedrin-Tabletten, Cannabisharz und 24 Heroinpillen.

10. Mai 1967: Jagger, Richards und Fraser werden des Drogenbesitzes angeklagt.

27./28. Juni 1967: Prozessbeginn vor dem Bezirksgericht in Chichester, West Sussex.

29. Juni 1967: Die Urteile lauten jeweils auf Geldstrafen sowie auf drei Monate (Jagger), sechs Monate (Fraser) und ein Jahr (Richards) Gefängnis. Richards und Fraser werden nach Wormwood Scrubs Prison, Jagger nach Brixton Prison verbracht.

30. Juni 1967: Nach landesweiten öffentlichen Protesten gegen die harten Urteile werden Jagger und Richards gegen Kaution freigelassen.

31. Juli 1967: In der Berufungsverhandlung vor dem Londoner High Court wird Jaggers Strafe für ein Jahr zur Bewährung ausgesetzt und Richards' Verurteilung aufgehoben.

Die Toronto-Affäre

24. März 1977: Bei der Einreise finden kanadische Zollbeamte bei Keith Richards und Anita Pallenberg Cannabis und einen Löffel mit Heroinrückständen.

27. Februar 1977: In Richards´ Hotelsuite in Toronto beschlagnahmen Beamte so viel Kokain und Heroin, dass eine Anklage wegen Drogenhandels gerechtfertigt erscheint. Richards wird festgenommen und gegen Kaution wieder freigelassen. Auf Drogenhandel stehen in Kanada hohe Gefängnisstrafen, die Zukunft der Stones hängt am seidenen Faden.

23. Oktober 1978: Bei der Verhandlung vor dem New Court House in Toronto wird die Klage fallengelassen. Einen Tag später wird Richards zu einer einjährigen Bewährungsstrafe und einem Benefizkonzert zugunsten der kanadischen Blindenhilfe verurteilt. Dazu muss er eine Million Dollar für wohltätige Zwecke spenden.

4-on-the-Floor

Spätestens seit „Jumpin' Jack Flash“ und „Street Fighting Man“ waren die Stones auf harten Rock und markante Gitarrenriffs festgelegt. Entsprechend groß war die Verwunderung, als die Band 1978 mit „Miss You“ plötzlich Discopop produzierte. Verrat? Unsinn! Sie taten nur, was sie schon immer getan hatten …

Fachleute nennen es „4-on-the-Floor“. Der Begriff bezeichnet den klassischen Rhythmus der Discomusik: das typische „Bumm-tschack-bumm-tschack“, bei dem die Rhythmusgruppe stoisch und unerbittlich jede Viertelnote betont. Kaum ein Groove ist tanzbarer – auch und gerade für weniger begabte Tänzer.

Als die Rolling Stones im Frühling 1978 als neue Single „Miss You“ aus ihrem aktuellen Album „Some Girls“ auskoppelten, war darauf genau das zu hören: Disco! Der Song wurde zum weltweiten Hit, viele Stones-Fans aber staunten. Einige ereiferten sich gar und wetterten, ihre Helden hätten die gute alte Rockmusik verraten und sich beim jungen Discopublikum angebiedert. Wer die Musik der Band über die Jahre allerdings aufmerksam verfolgt hatte, der wusste: Für die Stones waren „4-on-the-Floor“ und der Dancefloor keineswegs Neuland. Ganz im Gegenteil, schon immer hatten sie auf ihren Alben auch tanzbare Tracks untergebracht, und bedient hatten sie sich bei den jeweils aktuellen Dance-Stilen der schwarzen Musik, also R'n'B, Soul und Funk. Ein frühes Beispiel dafür ist „Everybody Needs Somebody To Love“, der Opener ihres 1964er-Albums „No. 2“. Weitere Stones-Dancetracks waren „Fingerprint File“ von „It's Only Rock'n'Roll“ (1974), „Hot Stuff“ von „Black & Blue“ (1976) und „Too Much Blood“ von „Undercover“ (1983). Immer schon hatte sich die

Band bei der Produktion von der jeweiligen musikalischen Mode inspirieren lassen – 1978 war das Disco. „Miss You“ bot im Übrigen von allem etwas: harten Funk, geschmeidige Discomucke, rauen Blues und nicht zuletzt lupenreinen Pop. Klar, dass die Single zu einer der erfolgreichsten der gesamten Bandgeschichte wurde: Nr. 1 in den USA, Kanada und Frankreich, Nr. 2 in den Niederlanden und Nr. 3 in Großbritannien.

Und tatsächlich betraten die Rolling Stones mit „Miss You“ auch Neuland: Zum ersten Mal brachten sie von einem Song auch eine spezielle 12“-Version für den Dancefloor heraus – Bob Clearmountain fertigte von „Miss You“ einen Remix an, der prompt zum Renner in den Discos von New York bis Berlin wurde.

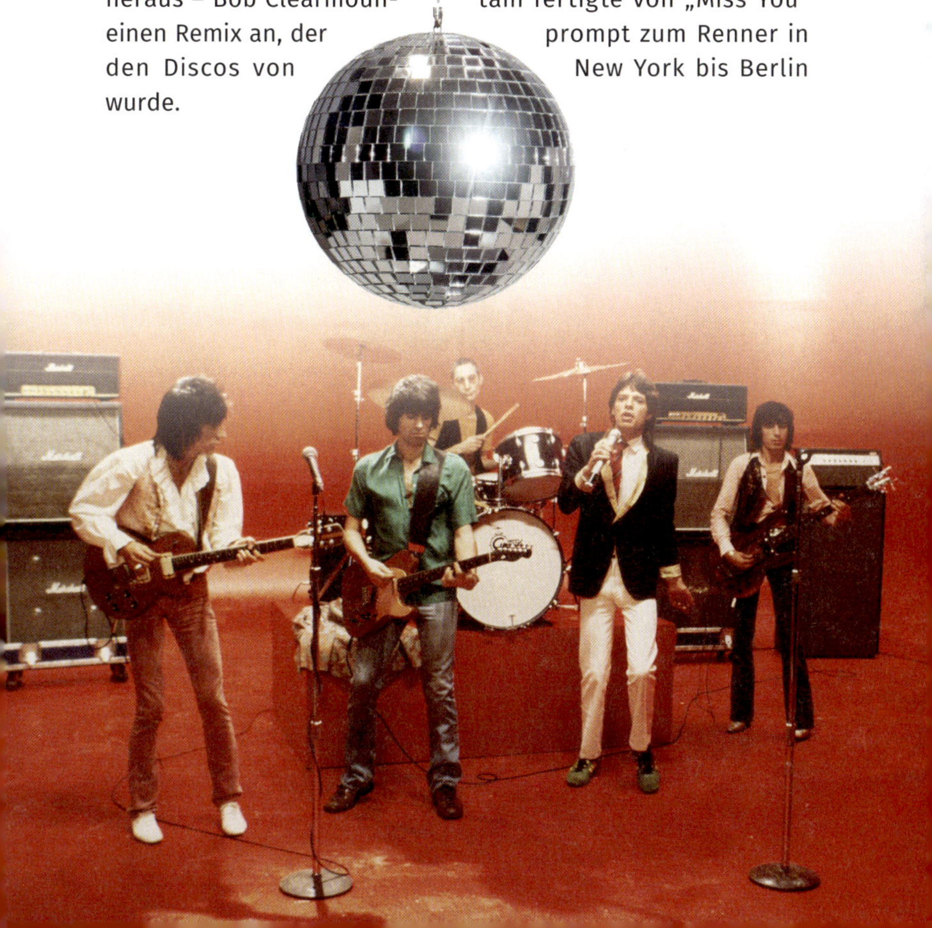

AHA!

Heroes

Wohl keine Band mit Ausnahme der Beatles war einflussreicher: Vor allem in den 1960er- und 1970er-Jahren verkörperten die Rolling Stones die rebellische Seite der Rockmusik. Zum Millionenheer ihrer Fans gehörten auch jede Menge junge Musiker, die es später selbst zu Popruhm bringen sollten.

Patti Smith: „In sechs Minuten verschafften mir diese fünf Sinnbilder der Lust den ersten feuchten Fleck in meinem jungfräulichen Höschen. Mein Gehirn gefror. Ich konnte bloß noch zwischen meinen Beinen denken."

Jon Bon Jovi: „Die Rolling Stones haben den Maßstab für das gesetzt, was ich als eine Band betrachte."

Billy Joel: „Sie verkörpern all das, was ich an Rock'n'Roll mag."

Nina Hagen: „Ich war bestimmt der größte Brian-Jones-Fan in der DDR!"

Udo Jürgens: „‚Satisfaction' gehört für mich zu den zehn wichtigsten Songs der populären Musikgeschichte."

Chrissie Hynde (The Pretenders): „Es war, als sei man Mitglied eines Geheimbundes. Nicht jeder war damals scharf darauf gewesen, die Rolling Stones zu sehen; aber die, die es waren, erkannte man gleich an der entsprechend gestylten Kleidung und den perfekt nachempfundenen Haarschnitten."

Slash (Guns N' Roses): „Wenn ich meine ewigen Lieblingsalben nennen müsste, dann wären das ‚Sticky Fingers', ‚Let It Bleed', ‚Beggars Banquet' und ‚Exile On Main St.' von den Rolling Stones."

Sheryl Crow: „Für mich als Künstlerin stellten sie die Weichen. Sie sind wohl die Rock-Künstler, die den größten Einfluss auf mein Leben haben."

Alice Cooper: „Unsere Helden waren die Bands der ‚British Invasion'. Sie wurden nie getoppt, es hat keine besseren Bands gegeben als die Stones, die Beatles und The Who. Bis heute."

Nena: „Ich bin Stones-Fan, seit ich zwölf war. Bei Mick Jagger und Keith Richards krieg ich heute noch weiche Knie."

Epigonen

Sex & Drugs & Rock'n'Roll: Von Anfang an waren die Rolling Stones die archetypische Rockband. Kein Wunder, dass sie für Legionen von jungen Bands, die ihnen folgten, zum Vorbild wurden. Sie alle orientierten sich an der Musik, am Look und an der Attitüde der Stones. Hier die besten Jagger/Richards-Clones:

The Faces: Gegründet 1969, gehörten die Faces um Sänger Rod Stewart und Gitarrist Ron Wood bis 1975 zu den beliebtesten Live-Acts des internationalen Rockzirkus. Größter Hit: „Stay With Me". Wood: „Wir wollten immer so sein wie die Stones!" 1975 erfüllte sich sein Wunsch: Nach der Auflösung der Faces wurde er selbst ein Rolling Stone und blieb es bis heute.

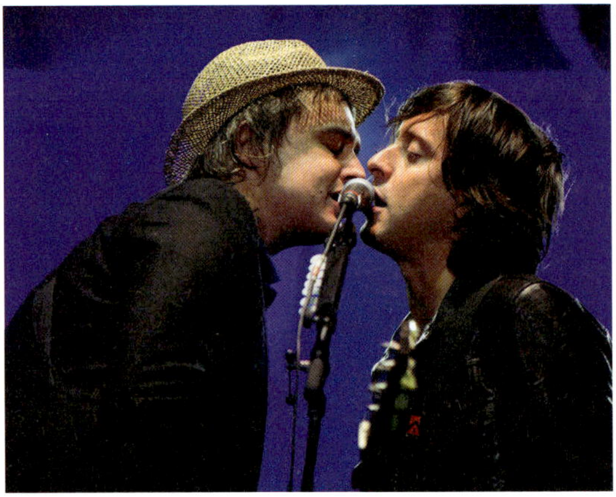

The Libertines: Als die Britrocker um Sänger Pete Doherty und Gitarrist Carl Barât 2002 ihr Debütalbum „Up The Bracket" herausbrachten, schien es für einen kurzen Moment, als hätte jemand die jungen Rolling Stones mit The Clash gekreuzt. Nach dem zweiten Album war der Spuk jedoch vorbei und die Libertines bis auf weiteres Geschichte.

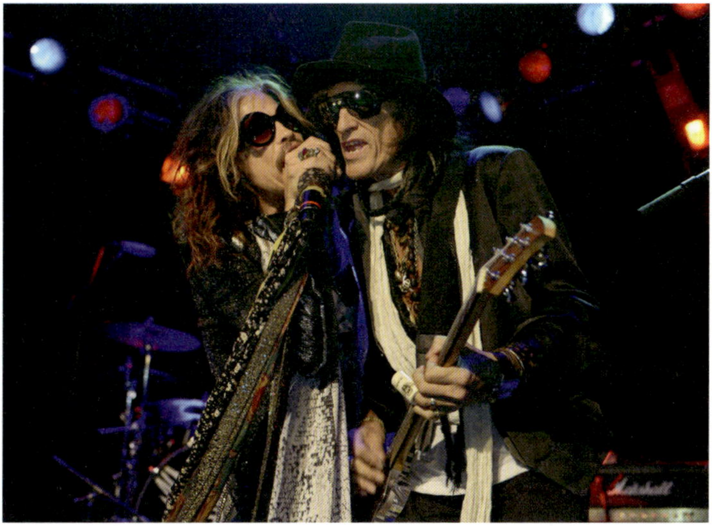

Aerosmith: Sänger Steven Tyler hat nicht nur ähnlich große Lippen wie Mick Jagger, zusammen mit Gitarrist Joe Perry bildet er auch bis heute die Kreativachse der 1970 gegründeten Band aus Boston. Größter Hit: „I Don't Want To Miss A Thing".

Guns N' Roses: Auch bei ihnen dominiert ein Duo: Axl Rose (voc) und Slash (git) sind die Gallionsfiguren der Band, die mit „Sweet Child O' Mine" (1988) und „November Rain" (1992) weltweit abräumte und den klassischen Sex & Drugs & Rock'n'Roll-Lifestyle beherzigte.

The Black Crowes: Die Band um die Gebrüder Chris und Rich Robinson war sozusagen die US-Südstaaten-Variante der Rolling Stones. Ihre Musik pendelte entspannt zwischen typischem Sleaze-Rock á la Stones, bodenständigem Southern Soul und endlosen Hippie-Jams. Erfolgreichstes Album: „The Southern Harmony And Musical Companion" (1992).

Coverversionen II

Stones-Hits gibt es nicht nur von den Rolling Stones: Jede Menge Künstler haben im Laufe der Jahre Songs aus der Feder von Jagger/Richards interpretiert. Manche haben es damit sogar bis in die Charts geschafft. 20 bekannte Beispiele – und eine obskure Zugabe:

Marianne Faithfull: „As Tears Go By“ (1964)
Otis Redding: „(I Can't Get No) Satisfaction“ (1965)
Chris Farlowe: „Out Of Time“ (1966)
The Who: „Under My Thumb“ (1967)
The Animals: „Paint It Black“ (1967)
Melanie: „Ruby Tuesday“ (1970)
The Flying Burrito Brothers: „Wild Horses“ (1970)
Grand Funk Railroad: „Gimme Shelter“ (1971)
David Bowie: „Let's Spend The Night Together“ (1973)
Humble Pie: „Honky Tonk Women“ (1973)
Johnny Winter: „Silver Train“ (1973)
Alexis Korner: „Get Off Of My Cloud“ (1975)
Linda Ronstadt: „Tumbling Dice“ (1977)
Devo: „(I Can't Get No) Satisfaction“ (1977)
Flamin' Groovies: „Blue Turns To Grey“ (1978)
Bette Midler: „Beast Of Burden“ (1984)
Aretha Franklin: „Jumpin' Jack Flash“ (1986)
Townes Van Zandt: „Dead Flowers“ (1994)
Etta James: „Miss You“ (2000)
Liz Phair: „Mother's Little Helper“ (2005)

Und fast vergessen – Frankie Farian und die Schatten:
„Ein Herz aus Stein“ (1965, „Heart Of Stone“)

Bittersüß

Das Gros der Stones-Songs stammt von Jagger/Richards, und mit Plagiatsvorwürfen musste sich das Team in seiner langen Geschichte kaum je auseinandersetzen. Schlagzeilen aber produzierte der Fall von The Verve, die sich für ihren Hit „Bittersweet Symphony" bei den Glimmer Twins bedienten.

Der fragliche Song war „The Last Time", allerdings nicht in der Version der Rolling Stones. Deren Manager Andrew Oldham hatte 1966 das Album „The Rolling Stones Songbook" mit Orchesterversionen ihrer Hits produziert, darunter auch ein Easy-Listening-Arrangement von „The Last Time". Getragen war dies von einer simplen Notenfolge, die sich vage auf das Gitarrenthema der Originalaufnahme bezog. Als die englische Band The Verve 1997 ein Sample dieser Sequenz für ihren Song „Bitter Sweet Symphony" benutzen wollte, holte sie zwar bei der Plattenfirma Decca eine Genehmigung ein, vergaß aber, den Musikverlag AKBCO zu fragen, der die Rechte an sämtlichen Stones-Songs bis 1969 hält. „Bittersweet Symphony" wurde ein Monsterhit – und AKBCO klagte. Wobei der Verlag argumentierte, dass The Verve zwar die Genehmigung für das etwa sechs Sekunden lange Sample hatten, nicht aber die Erlaubnis, ihren Song durchgehend von Anfang bis zum Ende mit der markanten Streichersequenz zu unterlegen. Die Richter gaben dem Verlag Recht, und The Verve mussten alle Einnahmen aus ihrem größten Hit an Jagger/Richards bzw. AKBCO abführen. 2019 allerdings verzichteten Jagger/Richards auf ihre Ansprüche an „Bittersweet Symphony".

Ironie an der Geschichte: Jagger/Richards hatten „The Last Time" selbst geklaut – es handelte sich bei dem Refrain um einen uralten Traditional, den die Staple Singers Anfang der 1960er-Jahre unter dem Titel „This May Be The Last Time" herausgebracht hatten.

My Generation

Stones, Kinks, Yardbirds, Small Faces – sie alle starteten ihre Karrieren in den frühen 1960ern in denselben Clubs. Viele wurden zu Weltstars, manche zu lebenslangen Freunden. Eine ganz besondere Beziehung pflegten die Rolling Stones schon immer zu Pete Townshend von The Who.

„Ich kann die Stones nicht analysieren, weil ich ein absoluter Fan bin. Sie sind die einzige Band, bei der ich mich nie geschämt habe, sie zu vergöttern – für mich sind sie die Größten." Der das sagt, muss es wissen. Schließlich stand Pete Townshend bereits am 22. Dezember 1963 in der St. Mary's Hall im Londoner Vorort Putney mit den Stones auf der Bühne. Damals eröffnete er mit seiner Band The Detours (später The Who) deren Konzert. Es war der Abend, an dem sich Townshend von Keith Richards dessen Armbewegung abguckte, die er dann zu seinem berühmten Windmühlenschlag weiterentwickelte.

Immer wieder kreuzten sich seitdem ihre Wege: 1967 nahm Townshend mit seiner Band die Jagger/Richards-Titel „The Last Time" und „Under My Thumb" auf, um auf diese Weise seine Solidarität mit den inhaftierten Kollegen zu demonstrieren. 1971 sang er im Backgroundchor für den Stones-Titel „Sway", 1981 half er im Chor von „Slave" aus. 1983 gratulierte Townshend Mick Jagger mit einem launigen Artikel in der Londoner „Times" zum 40. Geburtstag. Und am 18. Januar 1989 führte er die Rolling Stones in New York City als Festredner bei der jährlichen Zeremonie in die „Rock and Roll Hall of Fame" ein. Nachdem er sich dort, wie eingangs zitiert, als Edelfan geoutet hatte, gab er seinen alten Buddys noch einen guten Rat mit auf den Weg: „Jungs, was immer ihr tut, versucht nicht, erwachsen zu werden, es würde nicht zu euch passen!"

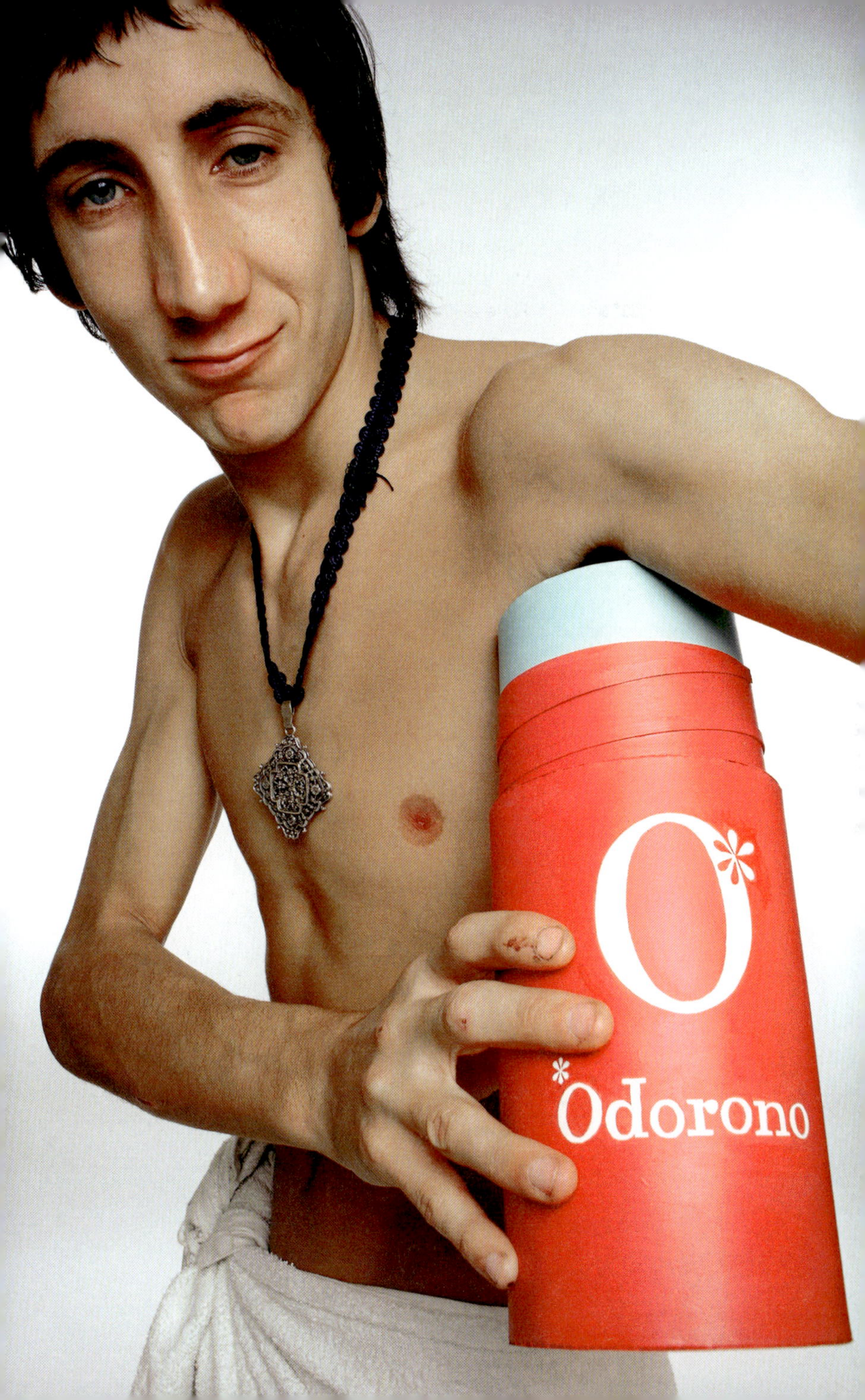
O*
*Odorono

Mothers Little Helpers

Im Laufe der Jahrzehnte haben die Rolling Stones sowohl im Plattenstudio wie auch auf der Bühne jede Menge Gaststars begrüßt. Hier die prominentesten:

Christina Aguilera sang mit den Stones 2006 im New Yorker Beacon Theatre „Live With Me", zu sehen im Konzertfilm „Shine a Light".
Jeff Beck: Der Gitarrist kam am 25. November 2012 in der Londoner O2 Arena als Gaststar für den Bluesklassiker „Goin' Down" auf die Bühne.
Bono von U2 spielte im September 2002 in Chicago mit den Stones „It's Only Rock'n'Roll".
David Bowie sang im Backgroundchor des ersten Demos von „It's Only Rock'n'Roll".
Eric Claptons Gastspiel bei „Little Red Rooster" ist auf dem Livealbum „Flashpoint" (1991) dokumentiert. Dazu spielte er auf dem Bluesalbum „Blue & Lonesome" (2016) mit.
Gary Clark Jr.: Der neue Stern am Himmel der Bluesgitarristen besuchte die Stones seit seinem Aufstieg 2012 immer mal wieder auf der Bühne, zuletzt 2019.
Ry Cooder steuerte sein Spiel 1969 zu „Sister Morphine" und „Love In Vain" bei. Außerdem soll er Keith Richards einige offene Gitarrenstimmungen gezeigt haben.
Sheryl Crow war seit 1994 regelmäßig bei Tourneen der Stones Bühnengast.
Dr. John sang im Backgroundchor des „Exile On Main St."-Tracks „Let It Loose".
Bob Dylan eröffnete 1998 den Südamerika-Teil der „Bridges to Babylon"-Tour als Support und begleitete die Stones dort auch bei ihrem Dylan-Cover „Like A Rolling Stone".
John Fogerty steuerte 1978 beim „Some Girls"-Outtake „Tallahassee Lassie" die Handclaps bei.

Buddy Guy begleitet die Stones immer mal wieder bei Konzerten, sein Gastspiel 2006 bei „Champagne & Reefer“ in New York ist im Kinofilm „Shine a Light“ dokumentiert.

Chrissie Hynde: Die Pretenders-Chefin stand am 20. Juni 2003 in Leipzig auf der Stones-Bühne und sang „Honky Tonk Women“.

Elton John war bei einem Konzert der 1975er-US-Tour in Fort Collins, Colorado, dabei.

Al Kooper: Der legendäre US-Organist/Produzent veredelte die Studioaufnahme von „You Can't Always Get What You Want“ mit Orgel, Klavier und Französischem Horn.

John Lennon und **Paul McCartney** schrieben für die Stones „I Wanna Be Your Man“ und halfen als Backgroundsänger bei den Aufnahmen von „We Love You“ und „Sing This Song All Together“ aus.

Ed Sheeran sang am 27. Juni 2015 in Kansas City mit den Stones „Beast Of Burden“.

Tina Turner war 1981 bei den drei Konzerten der 1981er-Tour in East Rutherford, New Jersey, als Opening Act dabei und sang mit der Band „Honky Tonk Women“.

Tom Waits sang im Backgroundchor des Stones-Hits „Harlem Shuffle“.

Amy Winehouse sang am 10. Juni 2007 beim Isle of Wight Festival mit den Stones „Ain't Too Proud To Beg“.

Stevie Wonder eröffnete 1972 die US-Tour als Support und spielte gelegentlich beim Rausschmeißer „Satisfaction“ mit.

Jack White duettierte 2006 mit Mick Jagger live bei „Loving Cup“, zu sehen im Konzertfilm „Shine a Light“.

Im Ruhestand

Einige Fans fielen aus allen Wolken, als im Januar 1993 offiziell bestätigt wurde, was gut informierte Spatzen bereits seit geraumer Zeit von den Dächern pfiffen: Nach der erfolgreichen „Steel Wheels/Urban Jungle"-Welttournee hatte Bill Wyman die Band verlassen, der er von Anfang an angehört hatte.

Zum ersten Mal kokettiert hatte er mit seinem Abschied bereits Mitte der 1970er-Jahre. Damals war Bill Wyman unzufrieden mit seinem Status in der Band gewesen und fühlte sich von der dominierenden Achse Jagger/Richards untergebuttert. Daran hatte sich im Laufe der Jahre zwar grundlegend nichts geändert. Inzwischen war allerdings noch etwas anderes hinzugekommen: Der Mann, der zusammen mit seinen Bandkollegen das wohl größte Flugmeilenkonto im Musikbusiness angesammelt hatte, entwickelte auf seine reifen Tage Flugangst. Sie setzte ihm so zu, dass er die Reisen zwischen den Stationen der Welttournee 1989/90 statt mit dem Flugzeug lieber mit dem Auto oder der Bahn bewältigt hatte. Der älteste Stone wollte es mit seinen 54 Jahren nun etwas ruhiger angehen lassen. Also informierte er die Band im Januar 1991 zunächst inoffiziell über seinen Ausstieg.

Seitdem ist der Ruheständler nicht faul gewesen: Mit den Rhythm Kings hat er eine Allstar-R&B-Band gegründet. Dazu hat er eine Autobiografie sowie Bücher über die Stones, den Blues und Archäologie (!) veröffentlicht. Von 1989 bis 2021 betrieb er mit dem Londoner „Sticky Fingers"-Restaurant zudem einen beliebten Wallfahrtsort für Stones-Fans, den er in Folge der Corona-Pandemie schließen musste. 2020 erzielte sein Fender Mustang Bass, den er um 1970 herum benutzte, bei einer Auktion mit 384.000 Dollar den höchsten je für eine Bassgitarre gezahlten Preis.

Der dritte Weltkrieg

Ihre wohl bedrohlichste Krise erlebten die Rolling Stones in den 1980er-Jahren. Die Gründe waren vielfältig, vor allem aber wollte Mick Jagger solo durchstarten. Was folgte, ging als „dritter Weltkrieg“ in die Band-Annalen ein.

Im August 1983 kam es hinter verschlossenen Türen zum Sündenfall: Die Stones trafen sich in New York, um beim Entertainment-Riesen CBS einen 28-Millionen-Dollar-Plattenvertrag zu unterzeichnen. Bei der Gelegenheit schloss Mick Jagger hinter dem Rücken seiner Band allerdings auch einen Vertrag über ein Soloalbum ab. „She's The Boss“ erschien im Februar 1985.

Seit Ende der 1970er-Jahre war das Klima zwischen Mick Jagger und Keith Richards frostig geworden. Die beiden schrieben kaum noch Songs zusammen und gingen sich auch im Plattenstudio aus dem Weg. Tiefpunkt der gemeinsamen Arbeit: „Dirty Work“ (1986), das wohl schlechteste Stones-Album von allen. Als Jagger dann auch noch öffentlich ankündigte, auf Solotournee zu gehen, drohte Richards, ihm „ein Messer an den Hals“ zu setzen, sollte er dabei Stones-Hits spielen. Jagger, der seine zweite Solo-LP inzwischen veröffentlicht hatte, juckte das wenig, er startete seine Tournee 1987 in Australien. Allerdings: Seine Plattenumsätze und auch die Tour blieben hinter den Erwartungen zurück. Gleichzeitig machte Richards nun seinerseits ein erstes Soloalbum, „Talks Is Cheap“ (1988).

Zu diesem Zeitpunkt gaben selbst Fans keinen Pfifferling mehr auf die Zukunft der Stones. Hinter den Kulissen aber waren bereits Friedensverhandlungen im Gang. Im Winter 1989 trafen sich Jagger und Richards auf Barbados, um neue Songs zu schrieben. Im selben Jahr noch erschien „Steel Wheels“. Der dritte Weltkrieg war vorüber.

Yesterday's Papers

„Würden Sie Ihre Schwester mit einem Rolling Stone ausgehen lassen?“ Gerade in den frühen Jahren sprangen die Blattmacher nicht eben zimperlich mit den Stones um. Und die lieferten den Reportern mit ihrem rebellischen Image, ihren Drogeneskapaden und schlagzeilenträchtigen Amouren reichlich Munition …

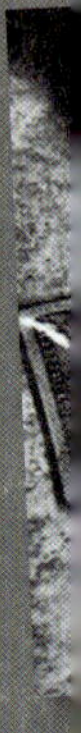

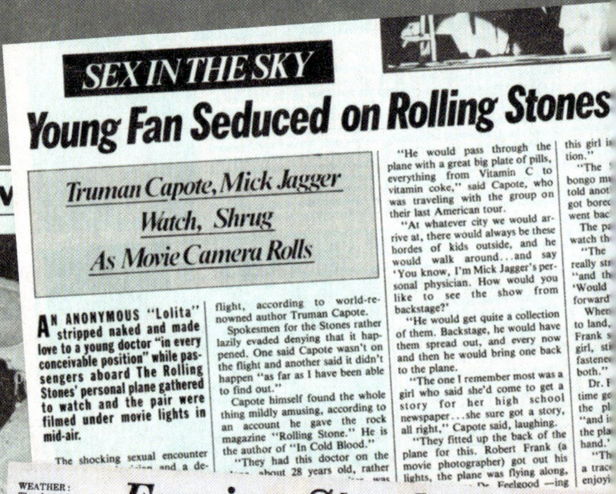

SEX IN THE SKY

Young Fan Seduced on Rolling Stones

Truman Capote, Mick Jagger Watch, Shrug As Movie Camera Rolls

AN ANONYMOUS "Lolita" stripped naked and made love to a young doctor "in every conceivable position" while passengers aboard The Rolling Stones' personal plane gathered to watch and the pair were filmed under movie lights in mid-air.

The shocking sexual encounter

flight, according to world-renowned author Truman Capote.

Spokesmen for the Stones rather lazily evaded denying that it happened. One said Capote wasn't on the flight and another said it didn't happen "as far as I have been able to find out."

Capote himself found the whole thing mildly amusing, according to an account he gave the rock magazine "Rolling Stone." He is the author of "In Cold Blood."

"They had this doctor on the

"He would pass through the plane with a great big plate of pills, everything from Vitamin C to vitamin coke," said Capote, who was traveling with the group on their last American tour.

"At whatever city we would arrive at, there would always be these hordes of kids outside, and he would walk around...and say 'You know, I'm Mick Jagger's personal physician. How would you like to see the show from backstage?'

"He would get quite a collection of them. Backstage, he would have them spread out, and every now and then he would bring one back to the plane.

"The one I remember most was a girl who said she'd come to get a story for her high school newspaper...she sure got a story, all right," Capote said, laughing.

"They fitted up the back of the plane for this. Robert Frank (a movie photographer) got out his lights, the plane was flying along,

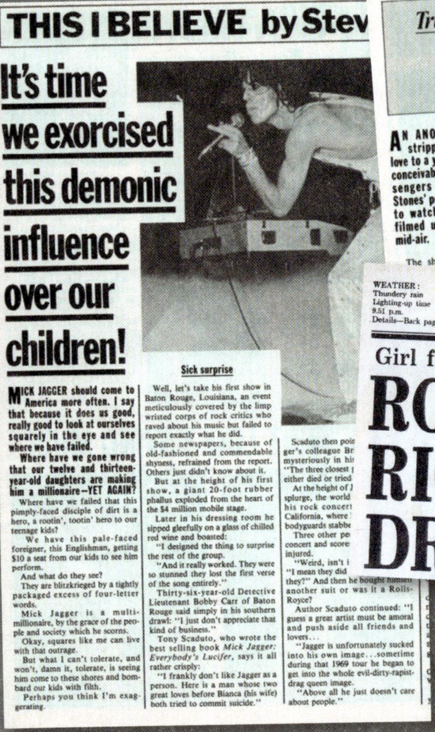

THIS I BELIEVE by Stev

It's time we exorcised this demonic influence over our children!

MICK JAGGER should come to America more often. I say that because it does us good, really good to look at ourselves squarely in the eye and see where we have failed.

Where have we gone wrong that our twelve and thirteen-year-old daughters are making him a millionaire—YET AGAIN?

Where have we failed that this pimply-faced disciple of dirt is a hero, a rootin', tootin' hero to our teenage kids?

We have this pale-faced foreigner, this Englishman, getting $10 a seat from our kids to see him perform.

And what do they see?

They are blitzkrieged by a tightly packaged excess of four-letter words.

Mick Jagger is a multi-millionaire, by the grace of the people and society which he scorns.

Okay, squares like me can live with that outrage.

But what I can't tolerate, and won't, damn it, tolerate, is seeing him come to these shores and bombard our kids with filth.

Perhaps you think I'm exaggerating.

Sick surprise

Well, let's take his first show in Baton Rouge, Louisiana, an event meticulously covered by the limp wristed corps of rock critics who raved about his music but failed to report exactly what he did.

Some newspapers, because of old-fashioned and commendable shyness, refrained from the report. Others just didn't know about it.

But at the height of his first show, a giant 20-foot rubber phallus exploded from the heart of the $4 million mobile stage.

Later in his dressing room he sipped gleefully on a glass of chilled red wine and boasted:

"I designed the thing to surprise the rest of the group.

"And it really worked. They were so stunned they lost the first verse of the song entirely."

Thirty-six-year-old Detective Lieutenant Bobby Carr of Baton Rouge said simply in his southern drawl: "I just don't appreciate that kind of business."

Tony Scaduto, who wrote the best selling book *Mick Jagger: Everybody's Lucifer*, says it all rather crisply:

"I frankly don't like Jagger as a person. Here is a man whose two great loves before Bianca (his wife) both tried to commit suicide."

they?" And then he bought himself another suit or was it a Rolls-Royce?

Author Scaduto continued: "I guess a great artist must be amoral and push aside all friends and lovers...

"Jagger is unfortunately sucked into his own image...sometime during that 1969 tour he began to get into the whole evil-dirty-rapist-drag queen image.

"Above all he just doesn't care about people."

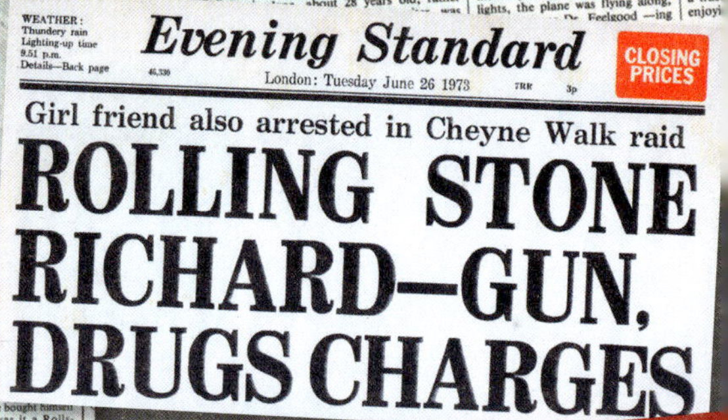

WEATHER: Thundery rain
Lighting-up time 9.51 p.m.
Details—Back page

Evening Standard

London: Tuesday June 26 1973 3p

CLOSING PRICES

Girl friend also arrested in Cheyne Walk raid

ROLLING STONE RICHARD—GUN, DRUGS CHARGES

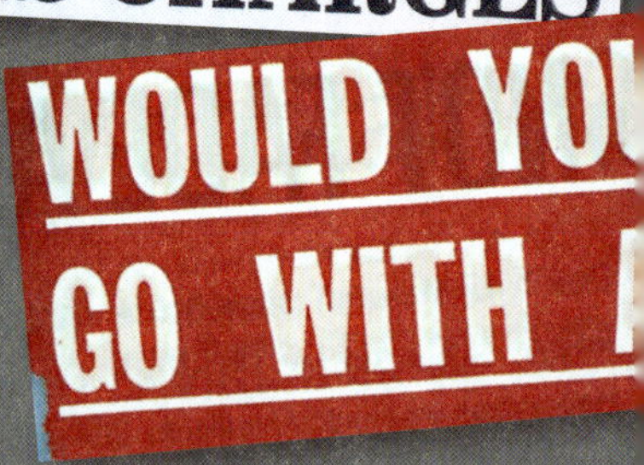

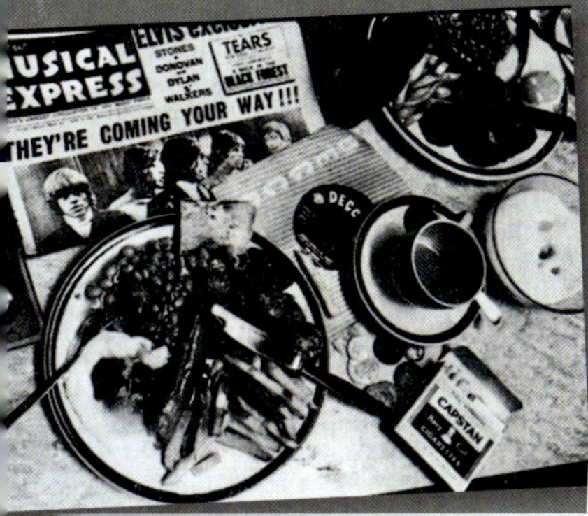

IS JAGGER FINISHED AS ROCK IDOL

By DOROTHEA TAYLOR

HAS super-swinger Mick Jagger finally turned in his Scandalous-Conduct medal?

Is the teeny-bopper's fire-breather really "going straight" —or is the Pied-Piper of a generation of rock music fans just bidding his time, quietly stashing away his musical dynamite, preparing for one last world-shaking blowup?

"It's just the lull before the

If the kid isn't born with horns, there'll be enough bets lost among the over-30 crowd to start a new market plunge.

The gossip about the new Mrs. Jagger started even before the weird Riviera wedding.

"They called her Super-Groupie," said many of the 200 hip Londoners Mick had flown in just for the occasion.

"She got tired of sleeping with **Michael Caine** through two of his movies," said another, "and started

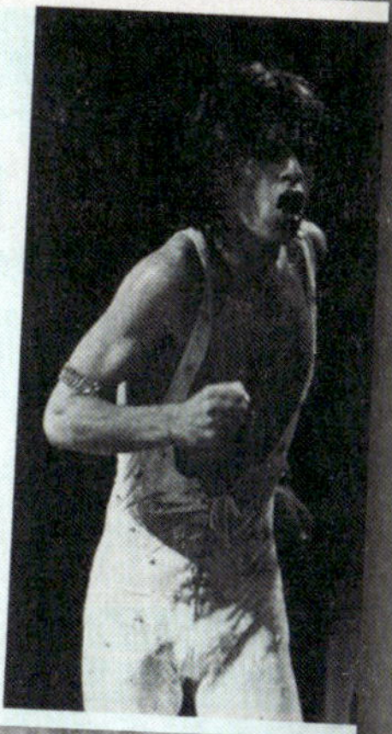

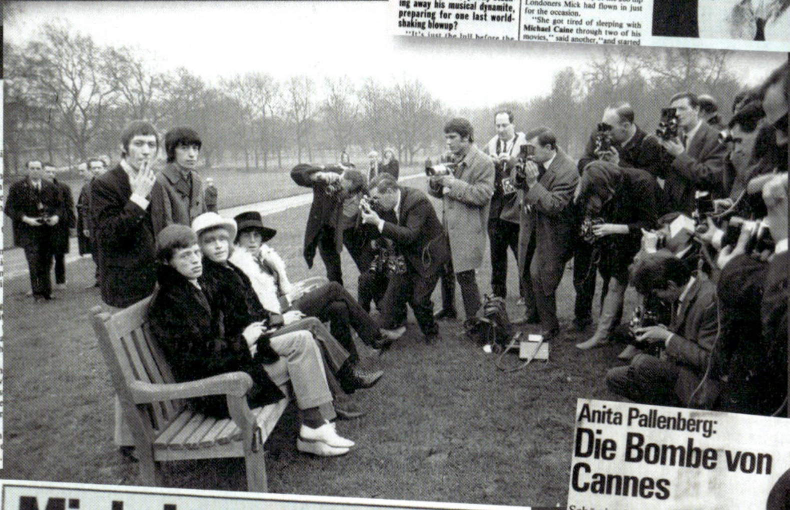

Mick Jagger's Rebel Image Is A Gimmick

Anita Pallenberg:

Die Bombe von Cannes

Schön ist sie nicht. Und sie lügt manchmal. Ungepflegt ist sie auch. Und sie pfeift auf Eleganz. Aber Anita Pallenberg, 23, ist auf dem Weg zum Weltruhm. Bei den Filmfestspielen in Cannes hat sie es bewiesen

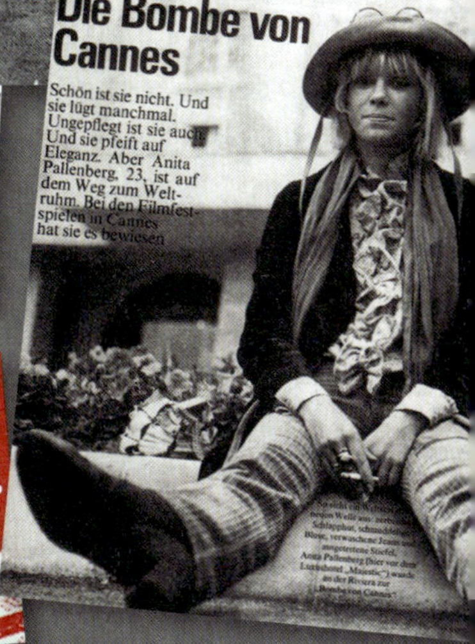

LET YOUR SISTER ROLLING STONE

Die Krankenakten

Die dienstälteste Rockband des Planeten hat in ihrer langen Geschichte so einiges überstanden – nicht nur Pleiten, Pech und Pannen im Job, sondern auch diverse Unfälle und Krankheiten. Eine kleine Chronologie der medizinisch bedingten Boxenstopps.

Mick Jagger 4. April 2019: Erfolgreiche Herzklappen-OP in New York City.

Charlie Watts Juni 2004: Diagnose Kehlkopf-Krebs. Nach einer Strahlentherapie gilt Watts als geheilt. Juni 2005: Bruch des Brustbeins bei einem Autounfall in Frankreich. Sommer 2021: Herzoperation in London.

Ron Wood 12. November 1990: Autounfall nahe London, mehrfache Beinbrüche. April 2002: Alkoholentzug in einer Spezialklinik in Tuscon, Arizona. Mai 2017: Ein Tumor im linken Lungenflügel wird operativ entfernt. Im Sommer gilt Wood als geheilt. Im April 2021 weitere, offenbar erfolgreiche Krebsbehandlung.

Bill Wyman 26. März 1965: Stromschläge für Bill Wyman und Mick Jagger beim Soundcheck im dänischen Odense. Wyman wird kurzzeitig bewusstlos, Jagger erleidet leichte Verbrennungen.

Brian Jones 11. bis 15. November 1964: Wegen Bronchitis und akuter Erschöpfung Klinikaufenthalt während einer US-Tour. Hintergrund: exzessiver Alkohol- und Drogenkonsum. Die Stones spielen fünf Shows zu viert. 28. Februar 1967: Lungenentzündung, mehrtägige Behandlung in einer Klinik in Toulouse. 13. Dezember 1967: Aufenthalt im Londoner „The Priory“-Krankenhaus, nachdem Jones mit Alkohol- und Drogenvergiftung bewusstlos in seinem Apartment aufgefunden wurde.

Keefs Kalamitäten

Legendär sind die Eskapaden von Keith Richards. Immer wieder machte „Mr. Rock'n'Roll" Schlagzeilen wegen seines Drogenkonsums. Dazu zählte auch seine – angeblich scherzhafte – Behauptung, die Asche seine Vaters geschnupft zu haben. Einige Meldungen allerdings sind reichlich übertrieben, wenn nicht barer Unsinn.

26. März 1972: Keith Richards startet in einer Klinik im schweizerischen Vevey einen Heroin-Entzug.

20. September 1973: Am Londoner Flughafen witzelt Richards einem Reporter gegenüber, dass er unterwegs in die Schweiz sei, um sich dort das Blut austauschen zu lassen und so seine Heroinabhängigkeit zu besiegen. Die unsinnige Geschichte wird bis heute immer wieder erzählt – und geglaubt.

1. April 1977: Richards beginnt in Paoli nahe Philadelphia, PA, mithilfe des von der Neurochirurgin Meg Patterson entwickelten „Black Box"-Verfahrens einen dreiwöchigen erfolgreichen Heroinentzug.

18. Mai 1998: In der Bibliothek seines Hauses stürzt Keith Richards von einer Leiter, als er versucht, einen Bildband über Leonardo da Vinci aus dem obersten Regal zu holen. Er bricht sich drei Rippen, die anstehende Europatournee muss verschoben werden.

27. April 2006: Beim Urlaub auf den Fidschi-Inseln rutscht Richards auf einem etwa zwei Meter hohen Baum aus und stößt sich dabei den Kopf. Zwei Tage später stürzt er erneut und erleidet in der folgenden Nacht zwei leichte Schlaganfälle. Neben einem Haarriss der Schädeldecke wird ein Blutgerinnsel diagnostiziert. Daraufhin wird Richards am 8. Mai in Auckland, Neuseeland, erfolgreich operiert. Der Vorfall geht als der vermeintliche „Palmensturz" in die Stones-Annalen ein.

The Kids are alright

Der Fortbestand der Sippe ist gesichert:
Sage und schreibe 31 Kinder haben die Rolling Stones gezeugt, das erste der damals 17-jährige Brian Jones im Jahr 1959, das bislang letzte der 72-jährige Mick Jagger 2016 …

Brian Jones

- **Barry David Corbett** (* 29.5.1960, später Simon, Mutter: Valerie Corbett)
- **Belinda** (* 4.8.1960, Nachname unbekannt, die Mutter Angeline hatte einen One Night-Stand mit Jones und zog das Kind mit ihrem Ehemann auf)
- **Julian Marc Andrews** (* 22.10.1961, Mutter: Pat Andrews)
- **Julian Brian Lawrence** (* 23.7.1964, Mutter: Donovans spätere Ehefrau Linda Lawrence)
- **Paul Andrew Molloy/John Maynard** (* 24.3.1965, Mutter: Dawn Molloy; später zur Adoption freigegeben.)

Mick Jagger

- **Karis Hunt Jagger** (* 4.11.1970, Mutter: Marsha Hunt)
- **Jade Sheena Jezabel Jagger** (* 21.10.1971, Mutter: Bianca Jagger)
- **Elizabeth Scarlet Jagger** (* 2.3.1984, Mutter: Jerry Hall)
- **James Leroy Augustin Jagger** (* 28.8.1985, Mutter: Jerry Hall)
- **Georgia May Ayeesha Jagger** (* 12.1.1992, Mutter: Jerry Hall)
- **Gabriel Luke Beauregard Jagger** (* 9.12.1997, Mutter: Jerry Hall)
- **Lucas Maurice Morad Jagger** (* 18.5.1999, Mutter: Luciana Gimenez)
- **Deveraux Octavian Basil Jagger** (* 8.12.2016, Mutter: Melanie Hamrick)

Keith Richards

- **Marlon Leon Sundeep Richards** (* 10.8.1969, Mutter: Anita Pallenberg)
- **Dandelion Angela Richards** (* 17.4.1972, Mutter: Anita Pallenberg)
- **Tara Jo Jo Gunne Richards** (* 26.3.1976–6.6.1976, Mutter: Anita Pallenberg)
- **Theodora Dupree Richards** (* 18.3.1985, Mutter: Patti Hansen)
- **Alexandra Nicole Richards** (* 28.7.1986, Mutter: Patti Hansen)

Charlie Watts

- **Seraphina Watts** (* 18.3.1968, Mutter: Shirley Watts)

Bill Wyman

- **Stephen Paul Wyman** (* 29.3.1962, Mutter: Diane Wyman)
- **Katharine Noelle Wyman** (* 4.9.1994, Mutter: Suzanne Accosta)
- **Jessica Rose Wyman** (* 11.1995, Mutter: Suzanne Accosta)
- **Matilda Mae Wyman** (* 27.4.1998, Mutter: Suzanne Accosta)

Mick Taylor

- **Chloe Taylor** (* 6.1.1971, Mutter: Rose Millar)
- **Emmy Taylor** (* 1998, Mutter: Susan McMinamin)

Ron Wood

- **Jamie Wood** (* 1973, adoptiert, Mutter: Woods spätere Gattin Josephine)
- **Jesse James Wood** (* 30.10.1976, Mutter: Krissy Findlay)
- **Leash Wood** (* 22.9.1978, Mutter: Josephine Wood)
- **Tyrone Wood** (* 21.8.1983, Mutter: Josephine Wood)
- **Gracie Jane** und **Alice Rose Wood** (* 30.5.2016, Mutter: Sally Humphreys Wood)

Mick & the Movies

Immer mal wieder versuchte sich Mick Jagger auch als Schauspieler. Zum ganz großen Leinwandruhm aber hat es nicht gereicht. Seinen größten Erfolg feierte er als Produzent.

Als Schauspieler

„Performance", UK 1968, Regie: Nicholas Roeg, Darsteller: MJ, James Fox, Anita Pallenberg u.a.
„Ned Kelly", UK/Australien 1970, Regie: Tony Richardson, Darsteller: MJ, Steve Hart, Clarissa Kaye u.a.
„Running out of Luck", USA 1987, Regie: Julien Temple, Darsteller: MJ, Rae Dawn Chong, Dennis Hopper u.a.
„Freejack", USA 1992, Regie: Geoff Murphy, Darsteller: MJ, Emilio Estevez, Rene Russo, Anthony Hopkins u.a.
„Bent", UK/Japan, Regie: Sean Mathias, Darsteller: MJ, Lothaire Bluteau, Clive Owen, Ian McKellen u.a.
„The Man from Elysian Fields", USA 2001, Regie: George Hickenlooper, Darsteller: MJ, Andy Garcia, Olivia Williams u.a.
„The Burnt Orange Heresy", USA/I, Regie: Guiseppe Capotondi, Darsteller: MJ, Elizabeth Debicki, Donald Sutherland u.a.

Als Produzent

„Enigma", UK/USA/D/NL, 2001, Regie: Michael Apted, Darsteller: Dougray Scott, Kate Winslet, Saffron Burrows u.a.
„The Woman", USA 2008, Regie: Diane English, Darsteller: Meg Ryan, Eva Mendes, Annette Bening, Carrie Fisher u.a.
„Get On Up", USA 2014, Regie: Tate Taylor, Darsteller: Chadwick Boseman, Nelsan Ellis, Dan Akroyd u.a.
„Vinyl", USA 2016, zehnteilige TV-Serie, Regie: diverse, darunter Martin Scorsese, Darsteller: Bobby Cannavale, Olivia Wilde, Ray Romano, Ato Essandoh u.a.

Celluloid Heroes

Im Lauf der Jahrzehnte hat sich reichlich Filmmaterial über die Stones angesammelt – darunter Tour- und Konzertmitschnitte, aber auch interessante Filmdokumentationen über einzelne Aspekte und Phasen der Bandgeschichte. Hier die zehn wichtigsten.

Charlie is my Darling (1966):
Einstündige TV-Doku über eine frühe Irland-Tour.

One plus One/Sympathy for the Devil (1968):
Jean-Luc Godards Filmcollage über Black-Panther-Aktivisten und die Entstehung des Songs „Sympathy For The Devil".

The Rolling Stones Rock and Roll Circus (1968):
TV-Zirkus-Event zu Weihnachten 1968 mit Gästen wie The Who, John Lennon und Eric Clapton.

Gimme Shelter (1970):
Dokufilm über die 1969er-US-Tour inklusive Altamont-Desaster.

Cocksucker Blues (1972):
Robert Franks Kultfilm über die legendäre US-Tour 1972.

Shine A Light (2008):
Konzertfilm von Martin Scorsese über zwei Shows im New Yorker Beacon Theatre 2006.

Stones in Exile (2010):
Einstündiger Dokufilm über die Aufnahme des legendären Doppelalbums „Exile On Main St."

Crossfire Hurricane (2013):
Autorisierte Bandbiografie zum 50. Stones-Jubiläum.

Totally Stripped (2016):
Dokumentarfilm und vollständige Konzertmitschnitte der Clubshows in Amsterdam, Paris und London 1995.

Olé Olé Olé! A Trip across Latin America (2017):
Abendfüllender Dokumentarfilm über die Süd- und Mittelamerika-Tour 2016.

Magische Nächte

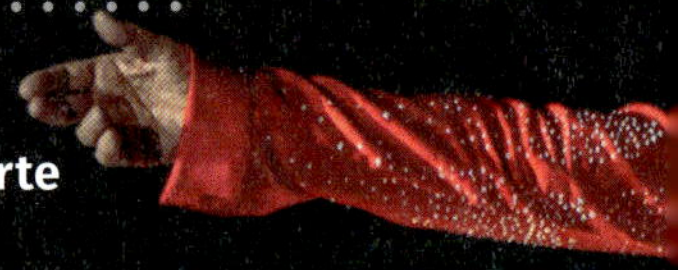

Laut Wikipedia haben die Rolling Stones in sechs Jahrzehnten mehr als 2000 Konzerte gegeben. Einige wurden legendär.

Blackpool, 24. Juli 1964

Eine aggressive Fan-Meute zerlegt den Empress Ballroom, nachdem Keith Richards einen Zuschauer, der ihn anspuckte, ins Gesicht getreten hat. Erst 44 Jahre später hebt die Stadt das anschließend verhängte Konzertverbot gegen die Stones auf.

Waldbühne, 15. September 1965

Bei der ersten Deutschlandtour der Stones kommt es 1965 in der Berliner Waldbühne zu gewalttätigen Ausschreitungen, im Verlauf derer ein Schaden in Höhe von 400.000 Mark (entspricht heute etwa 800.000 Euro) entsteht.

Hyde Park, 5. Juli 1969

Vor mehr als 250.000 Menschen geben die Stones ihr erstes Konzert seit zwei Jahren. Zwei Tage zuvor ist Brian Jones gestorben, woraufhin die Band ihm den Abend widmet. Live-Premiere für Mick Taylor, zu sehen im Dokufilm „The Stones in the Park".

Altamont, 6. Dezember 1969

Das Free Concert zum Abschluss der US-Tournee in Kalifornien vor rund 300.000 Zuschauern wird zur Katastrophe. Während des Stones-Sets erstechen Hells Angels vor der Bühne den 18-jährige Farbigen Meredith Hunter. Film: „Gimme Shelter".

Knebworth, 21. August 1976

Eines der größten Konzerte der Stones in England und das erste auf einem Festival. Die Show vor etwa 200.000 Menschen im Knebworth Park, Hertfordshire, gehört mit 2:30 Stunden zu den längsten, die sie je gespielt haben.

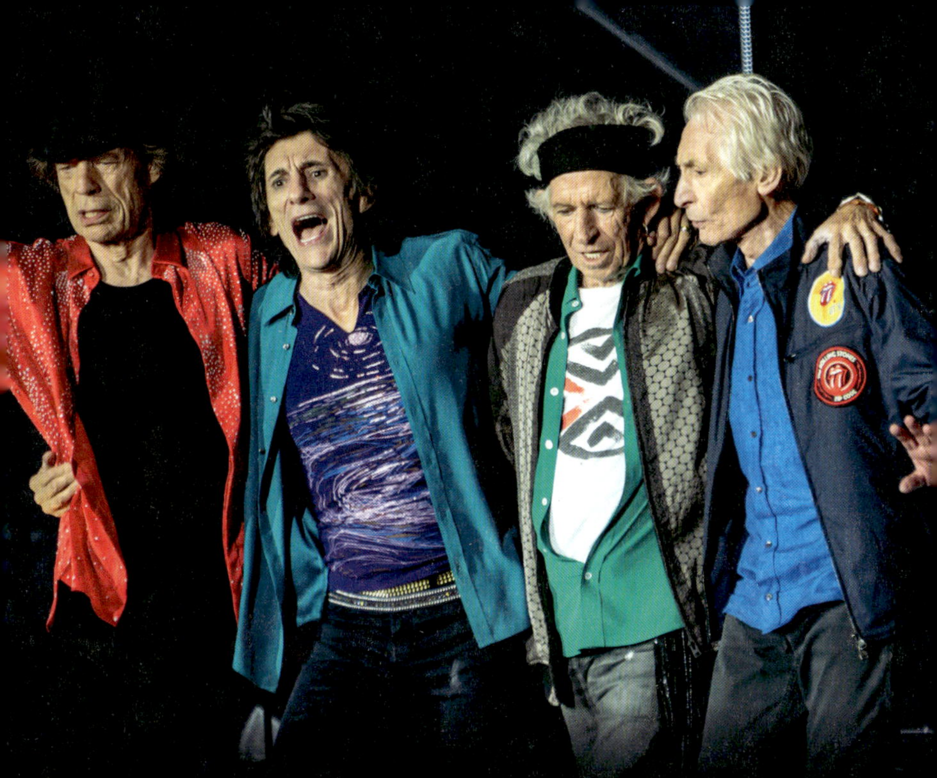

Copacabana, 18. Februar 2006

Mit rund 1,3 Millionen Menschen ist dies die größte Zuschauermenge, vor der die Stones je aufgetreten sind. Das Konzert am berühmten Strand von Rio de Janeiro wurde live im TV übertragen und ist dokumentiert auf der DVD „A Bigger Bang" und dem Box-Set „A Bigger Bang. Live on Copacabana Beach 2006" (2021).

Havanna, 25. März 2016

Eine Woche nachdem mit Barack Obama der erste US-Präsident seit 88 Jahren die Insel besucht hat, werden eine halbe Million Menschen Zeuge des ersten Konzerts der Rolling Stones auf Kuba. Der historische Tag ist im Konzertfilm „Havana Moon" festgehalten.

Fünf Songs, die die Band nie live spielte:
„We Love You"
„Dandelion"
„Let It Loose"
„Winter"
„Time Waits For No One"

AHA!

Marsgestein & Steinfliegen

Die Welt ist nicht genug: Mittlerweile wurden nicht nur – passenderweise fossile – Insekten nach den Rolling Stones benannt, auch auf dem fernen Mars haben die Altrocker inzwischen ihre Spuren hinterlassen. Viel mehr kann eine Rock'n'Roll-Band nicht erreichen ...

Als der NASA-Roboter „InSight" im November 2018 auf dem Mars landete, berührte er einen Stein, der daraufhin etwa einem Meter weit wegrollte. Die Mitarbeiter der US-Raumfahrtbehörde tauften den Brocken daraufhin treffend „Rolling Stones Rock". In einer Pressemitteilung hieß es, dass die Musik der Stones auf der ganzen Erde verbreitet sei und nun auch den Mars erreiche. Die Band kommentierte: „Ein Meilenstein in unserer langen und ereignisreichen Geschichte!" Allerdings ist die Benennung des Steins nur inoffiziell, da nur die Internationale Astronomische Union befugt ist, Objekte und Orte im Sonnensystem zu benennen.

Kurz zuvor aber waren die Stones als Paten auch offiziell in die Welt der Wissenschaft vorgedrungen: Im Juni 2018 benannte der Stuttgarter Biologe Arnold Staniczek eine Familie von Steinfliegen, die er in einem 100 Millionen alten Bernstein aus Burma entdeckt hatte, „Rolling Stoneflies". Wie der bekennende Stones-Fan Staniczek dem „Spiegel" erklärte, handelt es sich bei den prähistorischen Insekten um ganz besondere: „Sie hatten zum Beispiel sehr große Zungen, anders als spätere Arten." Folglich heißen zwei der sieben Steinfliegen nun offiziell „Petroperla mickjaggeri" und „Lapisperla keithrichardsi". Die restlichen Fossilien sind nach den anderen sechs aktuellen und ehemaligen Bandmitgliedern benannt, darunter inzwischen auch die „Branchioperla ianstewarti".

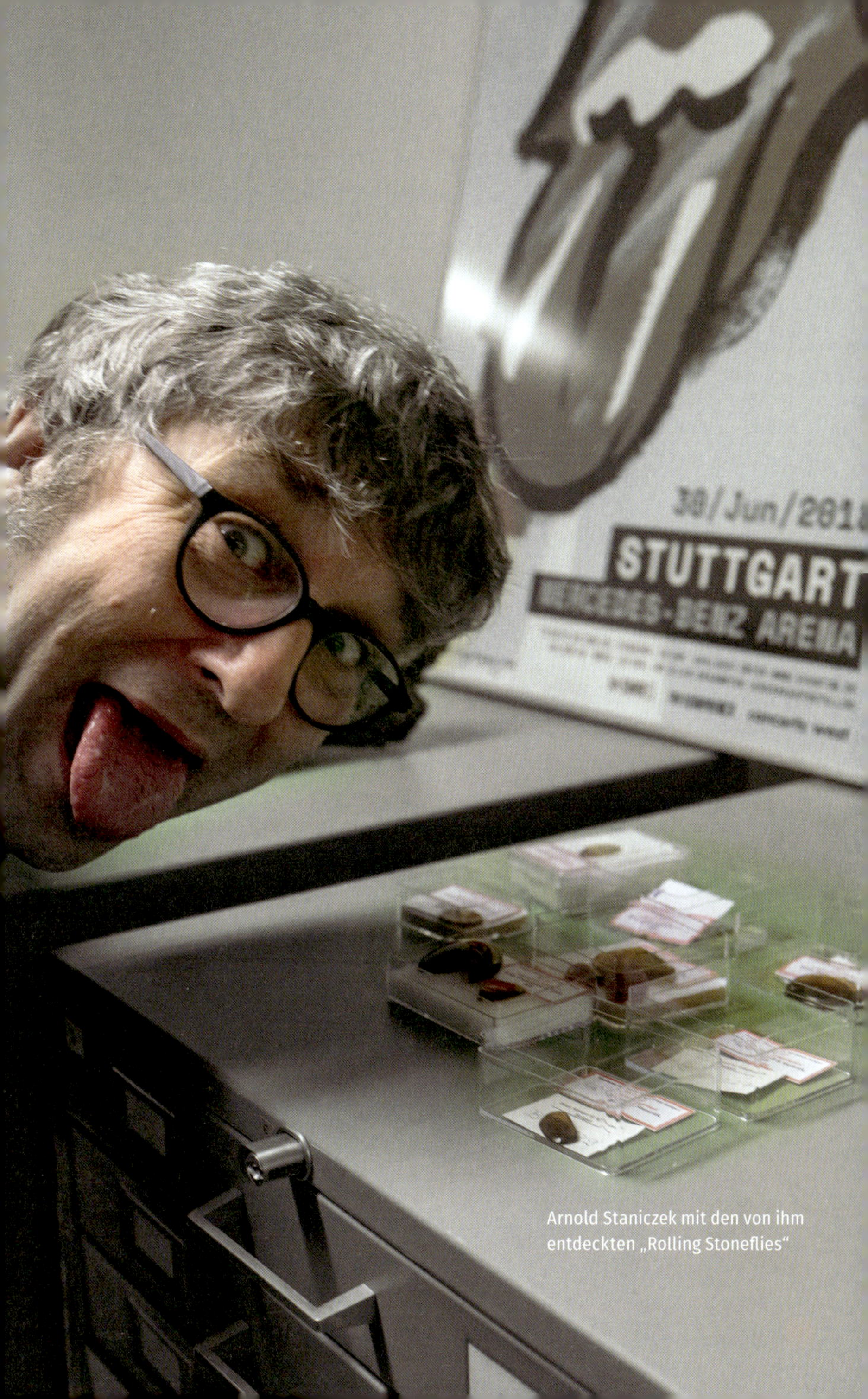

Arnold Staniczek mit den von ihm entdeckten „Rolling Stoneflies“

Butterfly & Brexit

Immer wieder kamen die Stones in ihrer langen Karriere auch mit Vertretern des englischen Establishments und der hohen Politik in Berührung. Eine besondere Beziehung pflegten sie dabei zur adligen Familie Rees-Mogg …

Der Vorgang war erstaunlich: Am 2. Juli 1967 erschien in der altehrwürdigen Londoner „Times" ein Leitartikel, in dem sich der damalige Herausgeber William Rees-Mogg (1928–2012) mit den Sorgen und Nöten eines gewöhnlichen Popstars befasste. Wenige Tage zuvor waren Mick Jagger und Keith Richards wegen geringfügiger Drogenvergehen und der Vorgänge rund um eine Polizeirazzia in Richards' Anwesen zu unverhältnismäßig harten Gefängnisstrafen verdonnert worden – offensichtlich sollte ein Exempel an den rebellischen Pop-Promis statuiert werden.

Rees-Mogg nun mahnte unter der Überschrift „Who breaks a Butterfly under a Wheel?" (etwa: „Wer schießt mit Kanonen auf Spatzen?") zur Vernunft, zu Fairness und zur Einhaltung des Gleichheitsgrundsatzes, demzufolge auch Popstars wie normale Bürger behandelt werden sollten. In der folgenden Berufungsverhandlung wurden die Urteile dann auch zurückgenommen. Kurz darauf begegneten sich Mick Jagger und Rees-Mogg in einer TV-Diskussion zum Thema Jugendkultur.

Rees-Moggs Sohn, der 1969 geborene Jacob, zog 2010 als Abgeordneter ins britische Unterhaus ein – sein Vater war Mitglied des House of Lords gewesen – und profilierte sich als lautstarker Brexit-Verfechter. Ein Thema, bei dem die weltläufigen Rolling Stones eine klare Meinung vertreten: 2017 veröffentlichte Mick Jagger mit „Gotta Get A Grip" und „England Lost" zwei neue Songs, in denen er unüberhörbar seine Skepsis in Sachen Brexit äußert.

Nachbarn

Mit einem T-Shirt würdigte Keith Richards kürzlich seine und Mick Jaggers Heimatstadt: „Straight outta Dartford“ stand darauf geschrieben – genau das hätten auch zwei weitere Berühmtheiten von sich behaupten können, die in der Nachkriegszeit ebenfalls von Dartford aus ihren Weg in die Welt antraten.

Die eine ging als „Eiserne Lady“ in die Geschichte ein: Margaret Thatcher (1925–2013) aus Grantham, Lincolnshire, lebte nach dem Krieg in Dartford, wo die studierte Chemikerin für den Nahrungsmittelkonzern J. Lyons & Co. arbeitete und, so wird berichtet, das Softeis erfand. Als Jagger und Richards noch gemeinsam in die Wentworth Primary School gingen, stieg Thatcher in die Politik ein und kandidierte 1950 in ihrem Wahlkreis Dartford zum ersten Mal für das britische Unterhaus. In der Labour-Hochburg ging die junge Kandidatin der Konservativen jedoch sang- und klanglos unter. Bekanntlich schaffte sie es später doch noch ins Unterhaus, wurde Parteichefin der Tories und 1979 britische Premierministerin.

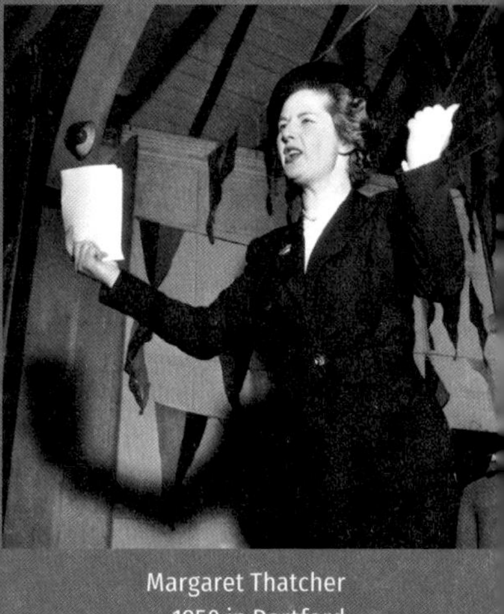

Margaret Thatcher 1950 in Dartford

Der andere, Peter Blake, ist zwar nicht ganz so berühmt, hinterließ aber tiefe Spuren in der Popkultur: Blake, Jahrgang 1932 und gebürtiger Dartforder, war der Mann hinter dem ikonographischen Plattencover von „Sgt. Pepper's Lonely Hearts Club Band“. Federführend entwickelte er mit seiner Frau Jann Haworth, dem Galeristen Robert Fraser und den Fotografen Michael Cooper und Al Vandenberg das Konzept für das Artwork des epochalen Beatles-Albums.

The last Time

Seit Jahrzehnten vermelden Medien regelmäßig, dass die Stones ihre definitiv letzte Tour angekündigt haben. Tatsächlich hat die Band selbst nur ein einziges Mal von Abschied gesprochen …

Man schrieb den 18. August 1997. Die Rolling Stones gaben unter freiem Himmel eine Pressekonferenz, um ihre im September startende „Bridges to Babylon"-Welttournee anzukündigen. Wie immer führte Mick Jagger das Wort. Er ließ die versammelten Pressevertreter wissen, dass er schon als kleiner Junge davon geträumt habe, einmal ein investigativer Top-Journalist zu werden. Deshalb würde er sich nun einen alten Traum erfüllen und den Rolling Stones eine sehr originelle Frage stellen. Sprach's und verließ das kleine Podium, ging hinunter zu den Journalisten, wendete sich wieder der Bühne zu und fragte die verbliebenen drei Stones Charlie Watts, Ron Wood und Keith Richards: „Wird dies eure letzte Tournee sein?" Keith Richards antwortete prompt: „Yeah, diese und die nächsten fünf!" Allgemeines Gelächter.

Hintergrund der launigen Veranstaltung: Bereits seit den 1970er-Jahren sagt man Jagger & Co. regelmäßig nach, dass die jeweils aktuelle ihre offizielle Abschiedstour sei. Wer das Gerücht als erster in die Welt gesetzt hat, ist nicht mehr zu klären. Fakt aber ist: Die Rolling Stones haben keine Tournee je als Abschiedstour angekündigt – nur das eine Mal im Scherz.

Seit der „Bridges to Babylon"-Tour haben sie mittlerweile bereits zehn (!) weitere Mammuttourneen absolviert, zuletzt die „SIXTY"-Europatournee zum 60-jährigen Bandjubiläum.

Die älteste Band der Welt

Keine Popgruppe ist länger im Geschäft als die Rolling Stones – sagenhafte 60 Jahre inzwischen. Aber: So ganz stimmt das nicht …

Fakt ist: Zum Abschluss ihrer „SIXTY“-Europatournee am 3. August 2022 in der Berliner Waldbühne waren die Rolling Stones glatte 60 Jahre aktiv. Das sind sage und schreibe 21.938 Tage (15 Schaltjahre eingerechnet). Damit sind Jagger, Richards und die Ihren ohne Zweifel die dienstälteste Rockband des Planeten. Das allerdings sind sie tatsächlich erst seit kurzer Zeit. Denn in den Niederlanden gab es bis 2021 eine weitere berühmte Gruppe, die sogar schon ein Jahr vor den Rolling Stones ins Rennen gegangen war: Golden Earring.

George Kooymans war gerade 13 Jahre alt, als er 1961 beschloss, zusammen mit seinem Schulkumpel Rinus Gerritsen, da immerhin schon 15, eine Band zu gründen. Die beiden Jungs suchten sich geeignete Mitstreiter und mischten bald schon fleißig in der Szene ihrer Heimatstadt Den Haag mit, allerdings noch unter dem Bandnamen The Tornados. Als eine englische Gruppe gleichen Namens 1962 mit „Telstar“ einen Welthit landete, benannten sich Kooymans, Gerritsen & Co. um in Golden Earrings, zunächst noch mit s. 1965 gab's den ersten Plattenvertrag und fünf Jahre später mit „Back Home“ und „Buddy Joe“ die ersten großen Hits. 1973 folgte mit dem legendären „Radar Love" ein echter Rockklassiker, mit dem sich die Band in der Champions League der 1970er- und 1980er-Jahre etablierte. Seitdem blieben Golden Earring mit Gitarrist Kooymans, Bassist Gerritsen, Drummer Caesar Zuiderwijk und Sänger Barry Hay aktiv, wenn auch zuletzt kaum noch auf internationaler Bühne. Erst 2021 mussten sie aufgeben: Bandgründer Kooymans war an der nicht heilbaren Nervenkrankheit Amyotrophe Lateralsklerose (ALS) erkrankt, woraufhin Golden Earring ihren offiziellen Abschied bekanntgaben.

Abschied von Charlie

Die Fans waren geschockt: Am 24. August 2021 ging die Nachricht um die Welt, dass Charlie Watts wenige Wochen nach seinem 80. Geburtstag in einem Londoner Hospital gestorben war. Das Ende der Rolling Stones? Mitnichten.

Ganz überraschend kam die Nachricht nicht, zumindest für Eingeweihte: Im Sommer 2021 begannen die Rolling Stones mit den Vorbereitungen auf ihre anstehende, wegen der Corona-Pandemie seit dem Vorjahr verschobene „No Filter"-US-Tournee. Bevor sie sich zu Bandproben in Boston trafen, wurde bekannt, dass Charlie Watts zum ersten Mal seit 1963 nicht an einer Tournee der Gruppe teilnehmen würde. Kurz zuvor hatte sich der Drummer in einem Londoner Hospital einem Eingriff am Herzen unterziehen müssen. Daraufhin ließ Watts mit seinem typisch englischen Humor per Pressemitteilung verlauten, dass sein Timing diesmal nicht ganz präzise gewesen sei, er sich zunächst von der Operation erholen müsse und daher seinen Freund Steve Jordan gebeten habe, ihn bei den Konzerten zu ersetzen. Die Rolling Stones bestätigten die Entscheidung.

Wenige Wochen später, am 24. August, verstarb Watts überraschend in dem Londoner Krankenhaus, wo er zuvor operiert worden war. Sein Sprecher teilte mit, dass er friedlich im Kreise seiner Familie eingeschlafen sei. Über die Todesursache wurden keine näheren Angaben gemacht, offenbar aber handelte es sich um Komplikationen, die infolge der Operation aufgetreten waren.

Mick Jagger, Keith Richards und Ron Wood probten zu diesem Zeitpunkt bereits mit Steve Jordan. Der inzwischen 65-jährige US-Schlagzeuger war insofern die naheliegendste Wahl, als er bereits seit 1988 in Keith Richards' Zweitband X-Pensive Winos spielt. Jordan ist wie auch Daryl Jones offiziell kein

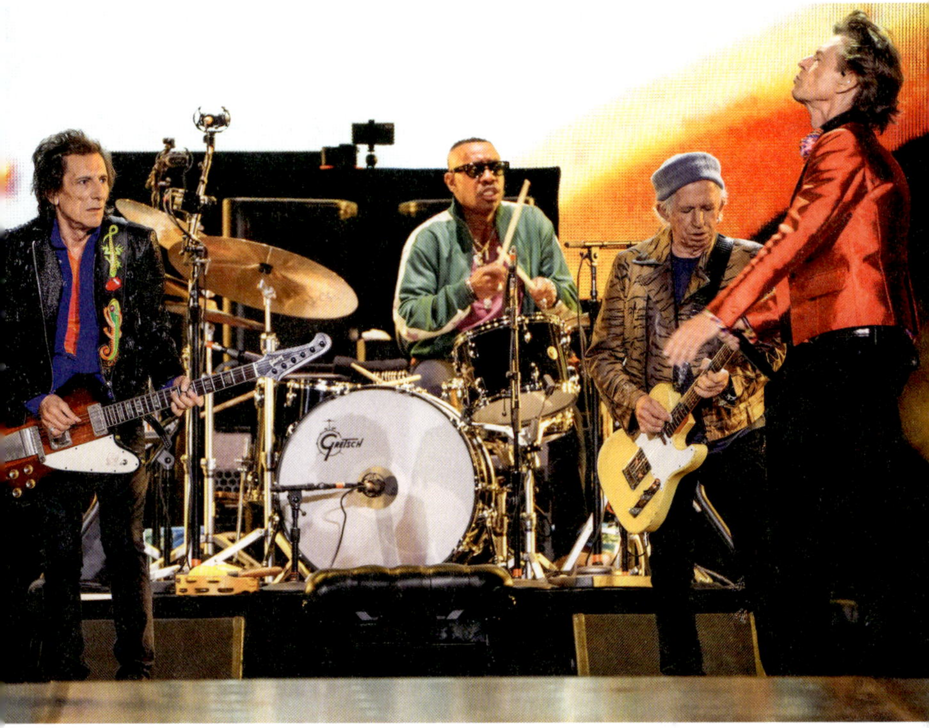

The Show must go on: Die Stones 2021 mit Steve Jordan

Rolling Stone, sondern lediglich festes Mitglied der Stones-Tourband. Nebeneffekt: Mit Jones und Jordan verfügen die Rolling Stones zum ersten Mal in ihrer Laufbahn über eine komplett afroamerikanische Rhythmusgruppe.

Die „No Filter"-Tour startete am 26. September in St. Louis. Zum Konzertbeginn ließ die Band eine mit Charlie Watts' Schlagzeugspiel unterlegte Filmmontage von Szenen und Bildern aus dessen Leben über die Videoscreens laufen. Sie behielt das Ritual auch auf der 2022 folgenden „SIXTY"-Europatournee bei.

Weltkulturerbe

Keith Richards sagte einmal: „Du hast die Sonne, du hast den Mond, und du hast die Rolling Stones." Wohl wahr, für die meisten von uns war die „Greatest Rock'n'Roll Band in the World" schon immer da, und eine Welt ohne sie scheint kaum vorstellbar. Was wird bleiben, wenn es eines Tages doch so weit sein sollte?

It's only Rock'n'Roll? Nicht wirklich. Die Stones werden uns mehr hinterlassen als ihre Musik.

Originale sind sie sowieso, alle zusammen und jeder für sich: Mick Jagger ist der archetypische Frontmann, Keith Richards der Prototyp des Gitarre spielenden Outlaw, Charlie Watts das zeitlose Synonym für Coolness, Ron Wood der originäre Rock'n'Roll-Luftikus, Brian Jones das genialische Kind, Bill Wyman der ewige Stoiker und Mick Taylor der sensible Hochbegabte. Zusammen schrieben sie Geschichte(n) und wurden zur faszinierenden Dauer-Soap – sehr zur Freude der Boulevardpresse. Alt sahen sie dabei schon immer aus: Ihre Gesichter wirkten bereits in jungen Jahren verlebter als die der Konkurrenz. Weg vom Fenster waren sie in all den Jahren nie, und so haben sie den Rock erwachsen

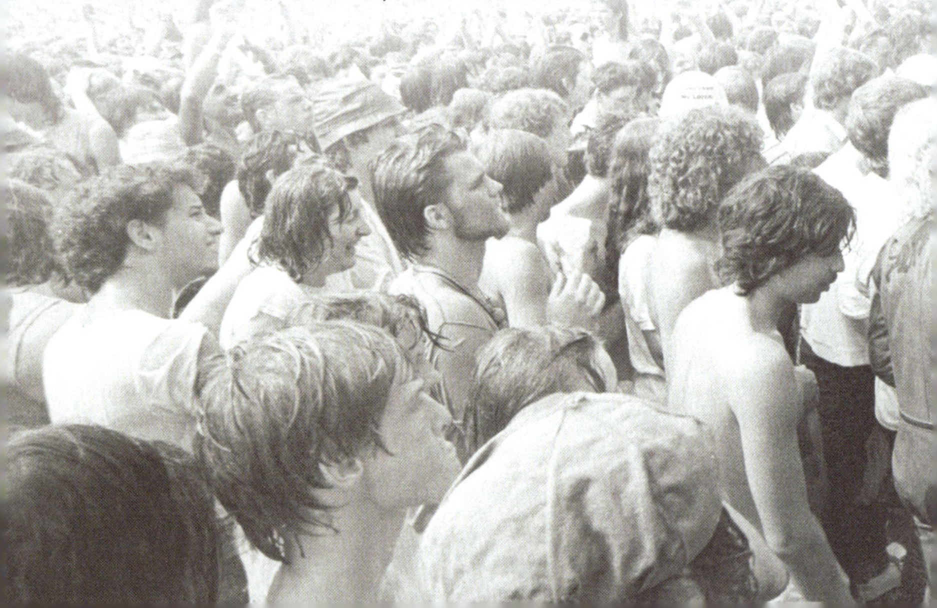

gemacht. Dass Mick Jagger noch heute mit sichtlicher Begeisterung „Satisfaction“ singt, zeigt, dass diese Musik zur Kunstform gereift und längst nicht mehr an den Imperativ der Jugendlichkeit gebunden ist.

Von Anfang an haben die Stones ihre archaischen Blueswurzeln aufs Engste mit einer erstaunlichen Popsensibilität verknüpft. Wer sonst hätte einen Blues wie „Little Red Rooster“ an die Spitze der Pop-Charts bringen können? Und wer sonst hätte mit Hits wie „Satisfaction“, „Gimme Shelter“, „It’s only Rock’n’Roll“ und „Miss You“ das Lebensgefühl ganzer Generationen artikuliert?

Als Gruppe repräsentierten die Stones von Anfang an die subversive Seite der Popkultur. Sie waren die authentischen Rebellen des Rock und wurden zum überlebensgroßen Rollenmodell für praktisch jeden, der ihnen folgte. Paradox: Gleichzeitig waren sie clevere Pioniere der multimedialen Selbstvermarktung und wurden im Zeichen der Zunge steinreich … Und: Sie haben den Blues zurückgebracht in seine amerikanische Heimat, wo er zu Beginn der 1960er-Jahre weitgehend vergessen war. Dadurch halfen sie, die USA mit dem musikalischen Erbe ihrer afroamerikanischen Kultur zu versöhnen.

Unterm Strich: Nicht wenig für eine gewöhnliche Londoner Vorstadtgang!

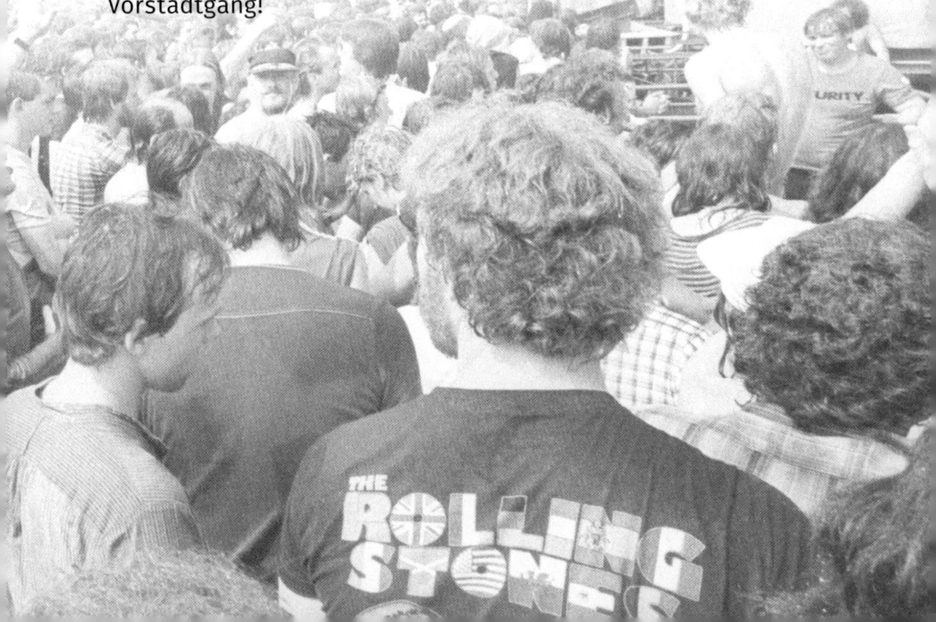

Das Quiz für echte Rolling Stones-Experten

1. Wer gründete die Rolling Stones?

a) Mick Jagger
b) Keith Richards
c) Ian Stewart
d) Brian Jones

2. Wie hieß der erste Manager der Rolling Stones?

a) Andrew Oldham
b) Giorgio Gomelsky
c) Eric Easton
d) Brian Epstein

3. Wer verglich die Rolling Stones in seiner TV-Show mit Steinzeitmenschen?

a) Ed Sullivan
b) Dean Martin
c) Dick Cavett
d) Frank Sinatra

4. Wo gaben die Rolling Stones ihr erstes Konzert in Deutschland?

a) Köln
b) München
c) Münster
d) Berlin

5. Wer trat nicht im Vorprogramm der Rolling Stones auf?

a) Guns N´Roses
b) Tom Petty & The Heartbreakers
c) Prince
d) Bob Dylan

6. Welcher Stones-Hit schaffte es in Deutschland nicht auf Platz eins?

a) „Honky Tonk Women“
b) „The Last Time“
c) „Get Off Of My Cloud“
d) „Jumpin´ Jack Flash“

7. Welcher Rolling Stone spielte auf dem Beatles-Track „You Know My Name (Look Up The Number)“ mit?

a) Brian Jones
b) Keith Richards
c) Bill Wyman
d) Charlie Watts

8. Bei welchem Stones-Hit sangen John Lennon und Paul McCartney im Backgroundchor?

a) „Paint It Black“
b) „She's A Rainbow“
c) „Ruby Tuesday“
d) „We Love You“

9. Welche noch unbekannte Band durfte 1968 bei der Stones-TV-Show „Rock and Roll Circus“ mitspielen?

a) Black Sabbath
b) Deep Purple
c) Cream
d) Jethro Tull

10. Wen heuerten die Rolling Stones 1970 als Finanzberater an?

a) Lennart Bernadotte Graf von Wisborg
b) Prinz Rupert zu Loewenstein
c) Lord Brett Sinclair
d) Karl August Prinz von Thurn und Taxis

11. In welcher Band sammelte Ron Wood in den Sechzigern erste Erfahrungen als Profi?

a) The Birds
b) The Byrds
c) The Eagles
d) The Vultures

12. Wer spielt bei den Rolling Stones seit Bill Wymans Abschied den Bass?

a) Tom Jones
b) Darryl Jones
c) David Jones
d) John Paul Jones

13. Wie viele Kinder haben die Rolling Stones bislang gezeugt?

a) 20
b) 27
c) 31
d) 34

14. Welcher bekannte Gitarrist nahm nicht an den Auditions von 1975 teil?

a) Steve Marriott
b) Rory Gallagher
c) Jimmy Page
d) Jeff Beck

15. In welchem Jahr führte die Band ihr berühmtes Zungenlogo ein?

a) 1982
b) 1971
c) 1962
d) 1989

16. Welcher große Automobilkonzern brachte 1995 ein „Rolling Stones“-Modell auf den Markt?

a) Rolls-Royce
b) Volkswagen
c) Mercedes
d) General Motors

17. Welches Komponistenduo schrieb den Stones-Hit „I Wanna Be Your Man“?

a) Lennon/McCartney
b) Goffin/King
c) Jagger/Richards
d) Bacharach/David

18. Mit welcher Gitarre verbindet man Keith Richards typischerweise?

a) Gibson Les Paul
b) Fender Telecaster
c) Gibson ES-335
d) Fender Stratocaster

19. Wie heißt das Burger-Lokal, das Bill Wyman in London betreibt?

a) „Brown Sugar“
b) „Goat’s Head Soup“
c) „Sticky Fingers“
d) „Beggars Banquet“

20. Wo begegneten sich Mick Jagger und Keith Richards zum ersten Mal?

a) Auf dem Bahnsteig in Dartford
b) Im Londoner Pub „Bricklayers Arms“
c) Im Londoner „Ealing Club“
d) In der Primary School in Dartford

Quiz-Lösungen

1d	6a	11a	16b
2b	7a	12b	17a
3b	8d	13c	18b
4c	9d	14c	19c
5b	10b	15b	20d